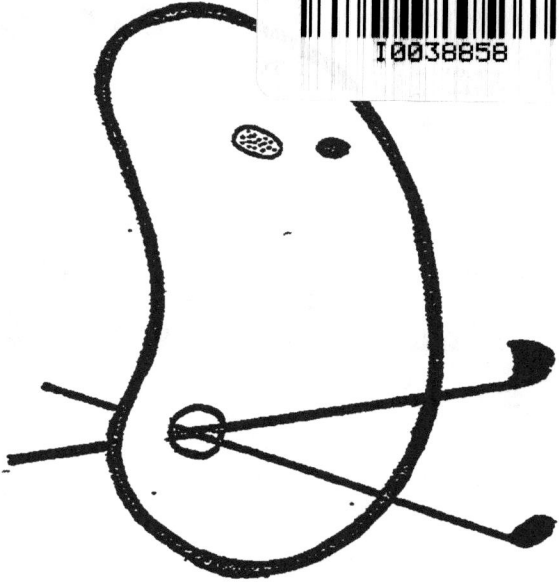

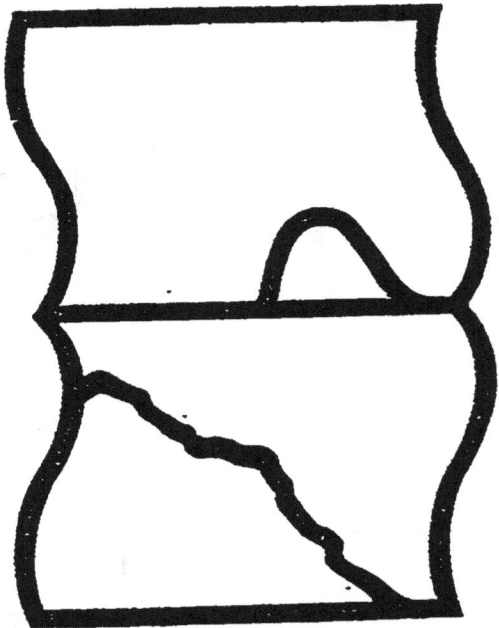

L. SAINÉAN

DOCTEUR ÈS-LETTRES

ANCIEN PROFESSEUR DE L'UNIVERSITÉ

L'Argot des Tranchées

D'APRÈS LES

Lettres des Poilus et les Journaux du Front

PARIS

E. DE BOCCARD, ÉDITEUR

(Ancienne Librairie Fontemoing et Cⁱᵉ)

4, RUE LE GOFF, 4

1915

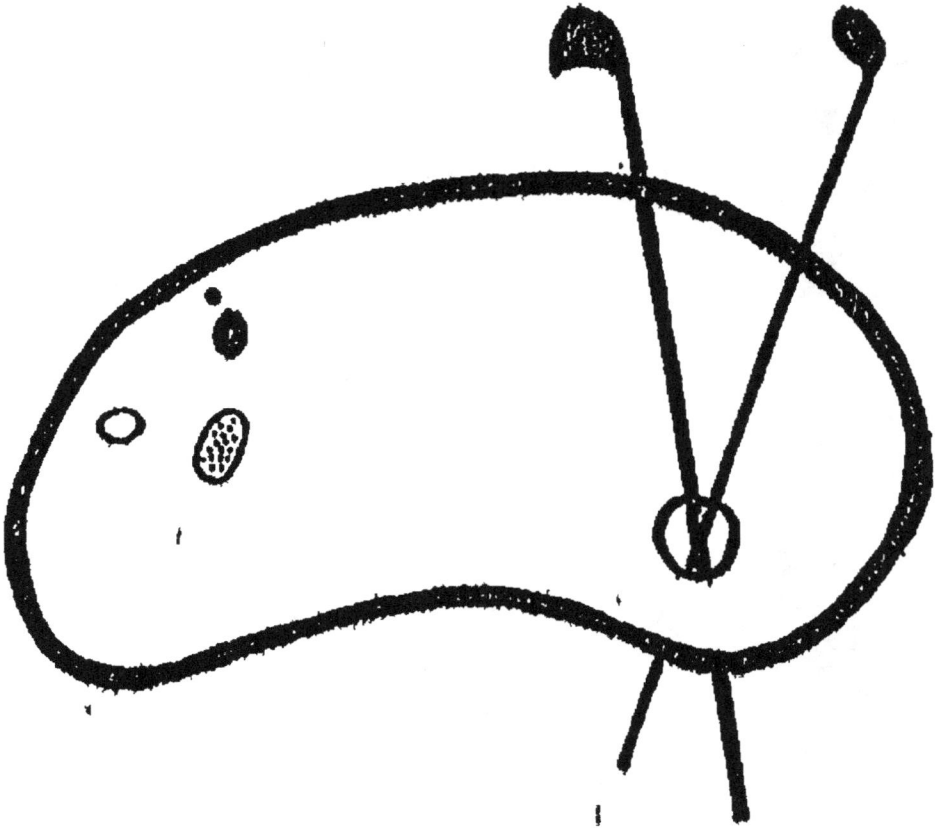

FIN D'UNE SERIE DE DOCUMENTS
EN COULEUR

L'Argot

des Tranchées

DU MÊME AUTEUR

LINGUISTIQUE ROMANE

L'Influence Orientale sur la langue et la civilisation roumaines. Ouvrage couronné par l'Institut de France et la Société de Linguistique. Paris, 1902, Bouillon.

La Création métaphorique en français et en roman. Images tirées du monde des animaux domestiques. Deux fascicules, 1905-1907.

LANGUES SPÉCIALES

L'Argot Ancien (1455-1850). Ouvrage couronné par l'Institut (Prix Volney). Paris, 1907, Champion.

Les Sources de l'Argot Ancien. Tomes I-II. Ouvrage couronné par l'Académie Française (Prix Saintour). Paris, 1912, Champion.

PHILOLOGIE DE LA RENAISSANCE

Œuvres complètes de François Rabelais. Edition de la Société des Etudes Rabelaisiennes, publiée sous la direction d'Abel Lefranc, in-4, Tome I et II, 1912-1913, Champion (*Commentaire philologique*).

Revue des Etudes Rabelaisiennes, publication trimestrielle dirigée par Abel Lefranc, 1903-1912, Champion (*Nombreux articles philologiques*).

Revue du XVIᵉ siècle, 1913-1915, Champion (*Etudes littéraires et philologiques*).

TRADITIONS POPULAIRES

Les Jours d'emprunt ou les Jours de la Vieille. Psychologie d'une légende populaire. Paris, 1889, Bouillon.

L'état actuel des Etudes de Folklore. Leçon d'ouverture d'un cours libre à l'Ecole des Hautes-Etudes. Paris, 1902, Cerf.

L. SAINÉAN

DOCTEUR ÈS-LETTRES
ANCIEN PROFESSEUR DE L'UNIVERSITÉ

'Argot des Tranchées

D'APRÈS LES

Lettres des Poilus et les Journaux du Front

PARIS

E. DE BOCCARD, ÉDITEUR

(Ancienne Librairie Fontemoing et Cⁱᵒ)

4, RUE LE GOFF, 4

1915

AVANT-PROPOS

J'ai essayé de tracer, dans les pages qui suivent, un tableau à peu près complet du mouvement actuel du vocabulaire parisien, en tant qu'il se reflète dans l'argot des tranchées. Un premier article, publié sous ce titre par le *Temps* du 29 mars 1915, où j'ai simplement amorcé le sujet, m'a valu un courrier abondant et suggestif. J'ai été particulièrement sensible aux nombreuses lettres que des Poilus m'ont écrites des tranchées : j'y ai trouvé maint renseignement utile ou instructif que j'ai consigné au cours de cette étude. Je dois, en outre, des communications obligeantes à MM. Amédée Britsch, Edmond Char, Henri Clouzot,

Jean Giraud, Lucien Layus, Louis Lantz, Albert Maire et Johan Rictus.

Nos sources ont été en premier lieu les Lettres des Tranchées et les Journaux du front. Le nombre des unes et des autres étant considérable, un choix s'imposait. En ce qui touche les périodiques des tranchées, j'ai eu l'occasion de prendre connaissance des deux collections actuellement les plus complètes, celle de la Bibliothèque Nationale et celle du Ministère des Affaires Étrangères. L'examen sommaire en a été plutôt décevant, la langue de la plupart de ces canards du front ne différant pas de celle des journaux parisiens ou provinciaux. Comme pour les lettres, je ne me suis arrêté qu'à ceux de ces périodiques qui présentent un certain intérêt philologique.

En dehors de ces données immédiates, j'ai tiré parti de deux écrits récents : un roman qui vient de paraître — *Les Poilus de la 9e*, d'Arnould Galopin — où l'auteur s'est efforcé de mettre en œuvre des observations recueillies directement sur le théâtre de la guerre ; et une série de huit croquis, spirituels et vivants, que M. René X... (Benjamin) a publiés dans le *Journal* du 3 au 24 mars 1915. Le héros de ces pochades, — Gaspard, marchand d'escargots de la Rue de la Gaieté, — incarne un Parigot pur sang, qui nous amuse par son bagou, sa badauderie, son esprit débrouillard et son optimisme imperturbable.

Pour donner à nos recherches leur valeur documentaire, nous reproduirons les principales pièces qui leur auront servi de base. Un lexique-index clora cette étude forcément incomplète, à laquelle les événements ultérieurs apporteront plus d'une contribution nouvelle.

L'ARGOT DES TRANCHÉES

Source de vie intense et d'énergie nouvelle, la guerre actuelle ne laissera pas d'exercer une action féconde sur toutes les manifestations de la vie sociale. Parmi celles-ci, la plus vivante, le langage populaire parisien, en porte d'ores et déjà des traces de renouvellement.

Des termes qui, avant la guerre, restaient confinés dans des milieux spéciaux, ont acquis, à la lumière des événements tragiques que nous venons de traverser, un relief inattendu, et d'isolés qu'ils étaient, sont en train d'entrer dans le large courant de la langue nationale.

Les exemples abondent.

Et tout d'abord le nom même de *Boche*. Cette

appellation, naguère reservée aux classes professionnelles, est devenue courante. Les atrocités de
la guerre ont projeté sur ce nom comme une lueur
sinistre. De sobriquet simplement ironique qu'il
était avant la guerre, il est devenu un stigmate,
un nom monstrueux qui rappelle le Gog et le
Magog de l'Apocalypse. La langue en gardera un
souvenir ineffaçable.

Remarque curieuse : le vocable n'avait, au début, rien de commun avec les Allemands, quand
il fit son apparition vers 1860 ! C'était alors un
parisianisme au sens de mauvais sujet, « dans l'argot des petites dames », ajoute Delvau en 1866.
Le mot représentait une abréviation parisienne
de *caboche*, tête dure, comme le montre *bochon*,
coup, pour *cabochon*, même sens.

Pendant la guerre de 1870, *Boche* était encore
inconnu. Les Allemands portaient exclusivement
la qualification de *Prussiens*, nom qu'on rencontre
à chaque page du *Père Duchêne* de l'époque, pâle

imitation du fameux pamphlet d'Hébert : « Pas un de ces jean-foutre ne sait comment on fout une balle dans le ventre d'un *Prussien* », lit-on dans le n° 3 de janvier 1871.

Ce n'est qu'après la guerre de 1871 qu'on appliqua particulièrement aux Allemands cette épithète de *boche*, c'est-à-dire de « tête dure ». On en est redevable à un trait de psychologie populaire que résume l'expression *tête carrée d'Allemand*, laquelle devint alors synonyme de *tête de Boche*, c'est-à-dire tête d'Allemand, à cause (prétend-on) de leur compréhension lente et difficile.

Cette spécialisation se produisit dans les milieux professionnels où l'on avait recours à la main-d'œuvre allemande. En voici un témoignage technique : « *Tête de boche*. Ce terme est spécialement appliqué... aux Allemands, parce qu'ils comprennent assez difficilement, dit-on, les explications des metteurs en pages, » Eugène Boutmy, *La langue verte typographique*, Paris, 1874.

Cette identification ethnique une fois accomplie, l'expression fit son chemin avec cette nouvelle acception. On la rencontre dans le milieu des casernes : « C'est-y que tu me prends pour un menteur ? Quiens, preuve que la v'là ta permission... Sais-tu lire, sacrée *tête de boche ?* » Courteline, *Le Train de 8 h. 47*, p. 74.

Et dans une chanson de Bruant :

Pst !... viens ici, viens, que j' t'accroche,
Vlà l'omnibus, faut démarrer !
Ruhau !... recul' donc, hé ! *têt' de boche !*

(La Rue, t. I, p. 151.)

De là *Boche*, allemand, dernier résidu de *tête de boche :* « I vient de décider que les *Boches* fêteraient pus que deux fois l'anniversaire de Sedan », Léon de Bercy, *Lettres argotiques*, xxve lettre, p. 5, dans *la Lanterne* de Bruant, 1896, n° 65.

Maintenant, ce sobriquet est devenu l'appella-

tif éthnique général aussi bien dans les tranchées
que dans la presse, où on l'a gratifié de toute une
postérité : *bochiser*, germaniser ; *Bochonnie*, Allemagne ; *bochonnerie*, vilenie de Boche, etc.

Voici un autre exemple tout aussi caractéristique.

Le *Poilu*, sobriquet naguère banal, vient d'acqué-
rir, par ses exploits héroïques, de véritables titres
de noblesse : il est devenu le brave entre les braves...

D'où vient ce surnom, aujourd'hui glorieux ?

De tout temps, les poils ont été considérés comme
un signe de force, de virilité. La légende biblique
l'attribue déjà à Samson... Avoir du poil et être
fort sont depuis longtemps, chez nous, des expressions synonymes. Le fameux Hébert, dans son
Père Duchêne, n° 298, de 1793, parle déjà des
« bougres *à poil*, déterminés à vivre libres ou à
mourir ». Il a ainsi exprimé la devise même de
nos Poilus...

Du sens de mâle, c'est-à-dire qui a du poil...au

cœur, *poilu* a passé tout naturellement à celui de
courageux, d'intrépide, sens que le mot a déjà
dans ce passage du *Médecin de campagne* de
Balzac, édition princeps, 1834, t. II, p. 80 : « Mon
homme est un des pionniers de la Bérézina,
il a contribué à construire le pont sur lequel a
passé l'armée... Le général Eblé, sous les ordres
duquel étaient les pontonniers, n'en a pu trouver
que quarante-deux assez *poilus*, comme dit Gon-
drin, pour entreprendre cet ouvrage. »

Mais c'est surtout dans les tranchées que cette
épithète est devenue générale, pour désigner les
braves qui ont vu le feu de près, qui ont pris part
à une rencontre : « N'allez pas croire, après ce que
je viens de dire, que nous ne soyons que quinze à
la compagnie. Non... les vides ont été comblés,
comme vous devez le penser ; mais, pour nous,
ceux qu'on nous a envoyés sont encore des *bleus*.
Nous ne sommes que quinze qui ayons affronté les
Boches, aussi est-ce pour cela qu'on nous appelle

les *Poilus*. » Galopin, *Les Poilus de la 9ᵉ*, 1915, p. 3.

Un autre exemple est *zigouiller*. C'était un mot cher aux apaches, au sens de tuer à coups de couteau : « Si on cane, c'est eusses qui viendront nous *zigouiller*, » Rosny aîné, *Dans les Rues*, p. 244.

On dirait que le mot a atténué sa valeur louche depuis qu'on l'entend dans la bouche de nos vaillants troupiers, combattant l'ennemi : « Si j'en descends pas dix, je perds mon nom... On s'ra *zigouillé*, c'est sûr. Mais, bah !... un peu plus tôt, un peu plus tard, qu'est-ce que ça peut faire ? » Galopin, *Les Poilus de la 9ᵉ*, p. 10.

Le mot est à Paris un apport de la province : dans le Poitou, *zigouiller* signifie couper avec un mauvais couteau, en faisant des déchirures comme avec une scie, et dans l'Anjou, *zigailler*, c'est couper malproprement, comme avec un mauvais outil, en déchiquetant. On voit le chemin que ce mot de terroir a fait en s'acclimatant à Paris : du sens de scier ou couper maladroitement, *zigouiller* a pris celui de couper la gorge, tuer avec le sabre ou la baïonnette. En d'autres termes, ce vocable a tout simplement passé des objets aux êtres humains.

I

Une des sources les plus importantes pour étudier la répercussion philologique des événements récents, c'est les nombreuses lettres des tranchées. Qui ne les a lues avec émotion et réconfort? Elles respirent l'âme fortement trempée de la race et cette joie toute intérieure qui se traduit par une bonne humeur et une confiance inaltérables.

Celles qui ont paru dans le *Figaro* du 1ᵉʳ au 3 janvier et 5 mai 1915 sous le titre : *Les cinq mois de campagne d'un ouvrier parisien*, sont les plus intéressantes à notre point de vue : « Nous publions, remarque l'éditeur, la correspondance qu'adresse à sa sœur un ouvrier parisien, qui avec ses trois frères a été dès le début de la guerre appelé sous les drapeaux, puis envoyé sur le front. Cette correspondance est d'une gaieté magnifique... Elle révèle le splendide héroïsme des familles françaises. De cette correspondance, faite à l'emporte-pièce, sur un bout de papier, au crayon, dans les ruines du cantonnement, dans le trou boueux de la tranchée ou à la lisière d'un bois, nous avons respecté le style fantaisiste, emprunté au pittoresque argot parisien. Ces lettres sont celles d'un gavroche de Paris. »

J'y cueille le passage suivant (lettre du 13 octobre 1914) :

Nous étions au repos dans un petit patelin ; les *marmites* des Boches ne nous tombent plus sur la gueule. Nous en entendons seulement le bruit sourd, au loin.

Ce nom ironique, donné aux gros obus, pesant parfois jusqu'à cent kilos et davantage, fait

allusion aux marmites de campement, qui font
partie de l'équipement du soldat en campagne.
L'appellation n'est pas complètement nouvelle.
Marmite semble avoir déjà été employé, avec un
sens analogue, par les artilleurs de Louis XIV et
Louis XV. Voici, en effet, ce qu'on lit dans le
Dictionnaire militaire de La Chesnaye des Bois,
édition 1758, t. I, p. 236 : « Il y a des bombes
appelées *en marmites*, parce qu'elles en ont la
figure, et des bombes oblongues que quelques-uns
appellent *à melons.* »

Notre Poilu est plein d'enthousiasme et pour
le fameux 75, qui s'est attiré l'admiration univer-
selle, et pour les vaillants artilleurs. Il en parle
avec une tendre émotion :

J'entends nos petits canons de montagne et nos
120 longs qui leur envoient des pains à cacheter ;
ça tonne dur, ils ne doivent pas se faire gros dans
leurs tranchées ; ça me fait plaisir, et tout seul, je

me dis : « Allez-y, les gars ! » Les Boches aussi répondent, mais nos braves *artiflots* n'ont pas l'air de s'en émouvoir. Si tu voyais comme ils sont beaux et courageux ! Ce que je les ai admirés depuis le commencement de la guerre, rester des journées entières dans la mitraille ! En ce moment, c'est le duel d'artillerie le plus sérieux que j'ai encore entendu.

Artiflot, mot de caserne, pour artilleur. Il ne s'agit pas là d'un dérivé de fantaisie : le mot représente un croisement, c'est-à-dire une fusion de deux mots apparentés, *artilleur* et *fiflot*, troupier, l'un appartenant à la langue générale et l'autre à l'argot parisien.

Voulez-vous maintenant un échantillon de la bonne humeur de notre brave au milieu des circonstances les plus pénibles? Lisez ces lignes du 30 octobre 1914:

A moi, touché ! Encore un coup, ce n'est pas

trèsgrave, j'ai pris un éclat d'obus au coude gauche ; j'ai cru d'abord que j'avais le bras emporté, mais il est encore tout entier ; j'ai seulement le bras engourdi, je ne peux faire marcher un doigt ; j'ai été à la visite ; ils m'ont fait un simple massage. Est-ce que les Boches auraient numéroté mes abatis ? A Bar-le-Duc, c'est la jambe droite ; cette fois-ci le bras gauche ; n'empêche que c'est *loupé* pour eux quand même et j'espère bien pouvoir leur balancer des pruneaux sur la pêche avant peu.

C'est *loupé* pour eux..., c'est raté, c'est manqué. *Louper*, c'est proprement faire un loup, c'est-à-dire une pièce manquée ou mal faite, expression particulière aux tailleurs.

On lit fréquemment dans ces lettres le mot de *ribouldingue*, et la première fois non sans une pointe d'humour :

Je t'ai écrit il y a deux jours et je te disais que Léon était disparu à sa compagnie ; il y est revenu ;

je l'ai vu ce matin et il m'a dit avoir vu Fredo hier matin ; comme tu le vois, ils sont en bonne santé ; mais ce que Léon n'a pas l'air gai ! Il est vrai que ce n'est pas à la guerre qu'il redeviendra *ribouldingue* (Cherche dans Larousse).

Cette parenthèse témoigne de l'entrain gouailleur de notre gavroche. Vous aurez beau chercher le mot dans Larousse, vous ne l'y trouverez pas, et pour cause. C'est une expression récente qu'on lit dans le nouveau livre de Johan Rictus :

Qui d'main s'ra à la *ribouldingue ?*
Qui jett'ra d'l'huile aux pus huileux ?

(*Cœur populaire*, p. 87.)

Un recueil de fantaisies humoristiques d'Alphonse Allais, publié en 1900, portait déjà pour titre, *En ribouldingant.*

Etre à la ribouldingue, c'est-à-dire être à la

joie, s'amuser à l'excès, dérive de *ribouldinguer*,
composé lui-même de deux verbes dialectaux
synonymes, *ribouler* et *dinguer*, ayant l'un et l'autre le sens de rouler, de rebondir, d'où la notion
de fête, de plaisir excessif. La langue populaire
abonde en pareilles combinaisons de synonymes
destinés à renforcer l'idée principale.

Autre citation :

Tu as dû voir dans le journal que nous avons
exterminé un régiment de Boches dans l'Argonne ;
nous faisons, vois-tu, du bon *boulot*.

Encore un mot récent, qui désigne le travail
professionnel ou technique, représenté par une
riche synonymie parisienne : *boulonner*, *bûcher*,
marner, *masser*, *turbiner*...

Boulot, autre graphie de *bouleau* (qui est la
forme initiale), est aussi un exemple de la géné-
ralisation rapide d'un terme spécial. Il apparte-

naît tout d'abord, et exclusivement, aux sculp-
teurs sur bois et aux menuisiers en meubles du
faubourg Saint-Antoine.

Le bouleau est un bois qui se travaille difficilement à cause de son fil capricieux et de sa pro-
pension à s'écorcher. Les menuisiers maugréaient
chaque fois qu'ils étaient forcés de l'employer en
guise de sapin. Le bouleau devint ainsi synonyme
de travail dur, pénible : *Il y a du bouleau*, disaient-
ils lorsqu'ils peinaient sur un ouvrage.

Depuis, ce mot technique a rapidement fait for-
tune : il a vite franchi le Faubourg pour s'étendre
aux différents corps de métier. Tous les ouvriers
l'adoptèrent :

> Les soirs de mai quand l'ovréier
> Sort de l'usine ou de l'atéier...
> Fourbu par le *boulot* du jour...
>   (Jehan Rictus, *Doléances*, p. 69.)

Quelle distance, n'est-ce pas, du *bouleau* des

menuisiers à la rude besogne de nos Poilus des tranchées !

Ce terme, inconnu avant 1890, a déjà fait, avec son sens généralisé, le tour de France. Les parisianismes vont vite, grâce à de multiples facteurs de propagande, mais grâce aussi au prestige que la capitale a toujours exercé sur la province.

Dans sa dernière lettre, notre ouvrier parisien revient souvent sur les petits mortiers des tranchées appelées *crapouillots*, proprement petits crapauds, d'après leur forme aplatie. C'est un diminutif, parallèle à *crapouillard*, crapoussin (dans la Marne, *crapouillat* désigne le gamin) :

Je descends dans le ravin chercher les *crapouillots* nécessaires, c'est-à-dire une cinquantaine, et lorsque les Boches en envoient un, il faut qu'immédiatement je leur en envoie deux... Nous allons avoir des nouveaux *crapouillots*. Je ne donne pas des détails à ce sujet, je ne dirai seulement que

ça pèse environ 40 kilos. S'il en arrive un comme
ça dans le blair à Fritz, il aura des chances d'aller
faire un vol plané.

Au xv° siècle, *crapaudeau* désignait également
un petit canon. La vision populaire a produit
des images analogues au moyen âge et de nos
jours.

M. Henry Gauthier-Villars (Willy) nous assure
qu'en 1885, il se souvient d'avoir vu tirer, aux
écoles à feu de Pontarlier, un petit mortier de
15 centimètres, « dont les dimensions minuscules
et le peu de portée amusaient fort les artilleurs
qui, habitués au 90 et 155, ne soupçonnaient guère
le rôle que devait jouer en 1915 ce joujou, ce *crapouillot*, comme nous l'appelions déjà [1] ».

Ce nom, resté absolument inconnu aux nombreux recueils de parisianismes qui se sont suc-
cédé de 1885 à 1910, nous a été révélé par nos

1. Voir le *Temps* du 31 mars 1915.

Poilus en automne 1914. Il n'en reste pas moins un des premiers échos des tranchées.

Citons encore *chandail*, mot d'actualité par excellence. Pendant des mois, ce terme a été à l'ordre du jour, il revient constamment dans les lettres de nos Poilus.

C'est un mot nouveau, un des derniers venus du vocabulaire parisien. Il fit son apparition en littérature dans les premières années du xx⁰ siècle. Aucune publication lexicographique ne le donne avant 1905. Le *Nouveau Larousse illustré*, qui tient compte du mouvement de la langue contemporaine, n'en fait mention que dans son *Supplément* daté de 1906. On y lit :

Chandail, sorte de gilet ajusté, ou maillot de laine ou de coton, à col droit ou réversible, sans boutons ni boutonnières, que portent les cyclistes, les coureurs, etc.

Les recueils d'argotisme l'ignorent jusqu'en 1910, lorsqu'il apparaît dans le *Supplément* d'Hector France.

Des glossaires provinciaux, le seul où on le trouve, est le récent *Glossaire des patois et des parlers de l'Anjou*, par Verrier et Onillon (Angers, 1908), qui le qualifie de « mot nouveau ».

Voilà pour la lexicographie. En ce qui concerne la littérature proprement dite, *chandail* ne se lit que tout récemment, par exemple dans les derniers romans sociaux de J.-H. Rosny aîné.

Mais avant d'être adopté par les lexicographes et les littérateurs, notre mot a été employé dans le commerce, et cela dès 1894, lorsque l'article *chandail* commence à figurer sur les catalogues de bonneterie. Ce fut un fabricant amiénois, M. Delvaux-Chatel, qui confectionna en 1880 les premiers tricots de ce genre pour un marchand de Paris, M. Pringault, rue des Bourdonnais. Ils furent tout d'abord destinés aux forts de la halle, aux marchands d'ail, et successivement adoptés par les canotiers, les cyclistes, les troupiers du Maroc, etc. « En bon Parisien, dit le fabricant d'Amiens [1], le père Pringault en était arrivé, par abréviation, à me demander son genre pour ses *chands d'ail*. De là me vint l'idée d'appeler ma création *chandail*, terme qui vient de marchand d'ail... »

L'appellation que porte ce tricot, fabriqué à Amiens en 1880, serait ainsi parisienne et porterait le nom de la classe sociale qui s'en est tout d'abord servie. De Paris, le mot passa dans la province.

Des recherches patiemment poursuivies permettent aujourd'hui à l'investigateur de suivre le développement intégral des vocables parisiens, leur point de départ, leur milieu social et leur expansion en province et hors de France. Dans

1. Sa lettre a été publiée par M. Ant. Thomas, dans le *Temps* du 30 mars 1915.

cette série de données essentielles, l'étymologie
n'est en somme qu'une annexe, que le dernier
anneau de la chaîne. On peut ainsi arriver à re-
constituer l'état civil de la plupart des parisianismes.

II

Une autre source précieuse, où l'on peut
suivre le renouvellement récent de la langue
populaire, nous est fournie par les journaux du
front. La plupart de ces intrépides canards, souvent composés à quelques kilomètres des tranchées de première ligne, sont auto-copiés à un
nombre infime d'exemplaires. Leur collection cons-
tituera plus tard un petit trésor bibliographique,
où l'historien de la guerre actuelle viendra chercher le côté pittoresque, l'anecdote, les palpitations
de la vie.

Ils révèlent le même état d'âme, la même gaieté

magnifique dont débordent les lettres des tranchées. Ils offrent, comme celles-ci, une importante
contribution linguistique. Nous n'en retiendrons
cependant que trois particulièrement intéressants
à notre point de vue spécial :

L'*Écho des Marmites*, petit canard des tranchées
dans les Vosges, dont le n° 3, du 15 février 1915,
contient un précieux « Vocabulaire de la Guerre »
qui, à lui seul, nous fournira nombre de renseі-
gnements sur l'usage récent des mots vulgaires.

Le *Rigolboche*, autre canard des tranchées en
Argonne, qui présente l'intérêt d'être absolument
composé sur le front au bruit incessant du canon.
Le n° 2, du 31 mars 1915, renferme la « Lettre
d'un Pantruchard », c'est-à-dire d'un Parigot, d'un
Parisien de Paris, d'où nous tirerons quelques
citations à l'appui de nos termes spéciaux [1].

1. Voir, sous le rapport de l'humour et du pittoresque, un
brillant article de Joseph Galtier, « Les Journaux du front »,
dans le *Temps* du 20 avril 1915.

Le *Petit Echo du 18° Régiment d'Infanterie Territoriale*, dont le n° 16, du 28 février 1915, reproduit le dialogue très vivant de « Deux bons cuisiniers », Cossard et Bouleau, Poilus inséparables, qui illustrent le titre du journal.

A l'aide de cette moisson de documents et d'informations complémentaires[1], nous allons pouvoir embrasser l'ensemble du mouvement récent du vocabulaire parisien. Mais nous omettrons intentionnellement tout ce qu'on trouve déjà dans les recueils d'argotismes parisiens pour ne tenir compte que des vocables relativement récents ou des créations de la guerre actuelle, produits immédiats de la vie des tranchées.

---

1. Voir l'avant-propos. Ajoutons quelques articles isolés : Emile H(enriot), « Impressions de bleu », dans le *Temps* du 24 mai 1915, et Jean Marcel, « Sur le front d'Arras », dans le *Journal* du 20 juin 1915.

1. — *Archaïsmes*

L'idiome vulgaire est à la fois plus mobile et plus conservateur que la langue littéraire. Les vieux mots y abondent. Parmi ceux-ci citons d'après le « Vocabulaire de la guerre » :

Bagoter, marcher, proprement courir comme les bagotiers qui suivent les voitures chargées de bagages. Ce terme *bagotier* est lui-même une acquisition de la fin du XIX⁰ siècle, et aucune publication lexicographique ne le donne antérieurement à 1900 ; il n'en remonte pas moins au XVI⁰ siècle, et on le lit déjà dans le Prologue de la *Comédie des Proverbes* d'Adrien de Monluc : « Couvrez-vous, *bagotiers* ; la sueur vous est bonne. » De nos jours, le seul écrivain populaire qui s'en soit servi est Johan Rictus :

> Le *bagotier* qui, haletant,
> Suit le fiacre chargé de malles...
>
> (*Cœur populaire*, p. 146.)

Le primitif du mot est *bagot*, forme parallèle à bagage : *faire des bagots* signifie décharger et monter des bagages. Cette expression se lit également chez Jehan Rictus :

Fair' des bagots... ou ben encor
Aux Hall's... décharger les primeurs...

(*Soliloques*, p. 121.)

Quant à *bagoter*, dérivé récent, voici une citation tirée du *Rigolboche* : « Les autres démurgent et vont *bagoter* à l'exercice pour se dégeler les fumerons. » Ce terme pittoresque exprime la marche militaire souvent tout aussi pénible que la course forcée du bagotier. Son équivalent, *se baguenauder*, en relève plutôt le côté amusant : la marche est alors conçue comme une simple déambulation, comme une flânerie.

Bobard, avec le sens de « mensonge » : en ancien français, *bobe* signifie tromperie, vantardise. La forme récente a probablement tout d'abord désigné le menteur et ensuite la menterie. A Paris, *bobard* a l'acception de boniment, riposte sans réplique : *envoyer un bobard*, c'est envoyer un boniment qui laisse l'interlocuteur sans réplique.

2. — *Provincialismes*

Le nombre de termes régionaux dans l'argot parisien est considérable. Presque toutes les provinces de France ont fourni leur contingent. Nous ne relèverons ici que les contributions récentes.

Les synonymes connus du cheval, surtout du mauvais cheval — *canasson, carcan, têtard* — ont été enrichis depuis quelque temps de : *bourrin*, terme qui, dans nos provinces de l'Ouest, par exemple en Anjou, désigne à la fois le baudet et la haridelle : « Un cheval s'appelle [au dépôt] rarement un cheval : c'est un *bourrin*, un bourdon, un zèbre, une bique, un ours, un cerf, une carne, un bestiau, un tréteau, une vache et, s'il ne marche pas, un veau », *Le Temps* du 24 mai 1915.

Cet apport provincial se lit pour la première fois dans un des derniers romans sociaux de Rosny aîné : « Marche ! ou tu sauras comment j'attige les *bourrins* », *Marthe Baraquin*, p. 177.

L'eau-de-vie possède, aussi dans les tranchées, une riche nomenclature, en très grande partie héritée du passé ; la dernière venue de ces appellations est *gniaule* : « Après ça, je viens voir mon cabot qui me sert la *gniaule* », Quatrième lettre d'un ouvrier parisien. Aussi sous la forme *gniole* : « Y a pas de jus, les potes, mais voilà de la *gniole* ! » *Le Petit Echo du 18ᵉ Régiment*, 28 février 1915.

Comment faut-il expliquer cette appellation nouvelle ? L'eau-de-vie y est-elle envisagée comme la boisson *niaise* (sens de *gniaule* ou *gniole*), ou bien comme celle qui rend niais, qui abrutit ?

Maous, gros, lourd, épithète qu'on applique aussi bien à une « marmite », qu'à un homme, à un colis, etc. Un Poilu des tranchées de Luxembourg me communique ceci : « Un obus est un *gros noir*, certains explosifs de *gros verts* (couleur de la fumée); s'il ronfle fort : c'est un *pépère maous* ! dit-on. Entend-on ses balancements successifs au-dessus de nous : Tu parles... il s'aboule en père peinard, c'est-à-dire sans se faire de bile... »

C'est encore un terme provincial : en Anjou, *mahau* ou *mahou* signifie lourd et bête : c'est le sobriquet dont on gratifie souvent les Bretons.

Je n'ai pas été à même d'identifier une dernière de ces appellations provinciales : *Quenaupe*, pipe, synonyme du parisien *bouffarde*. Il est curieux que Bruant, dans son *Dictionnaire*, au mot « ivrogne », cite *kénep*, entre autres équivalents argotiques; mais ce sens d' « ivre » est secondaire et dérive de celui de « pipe », comme le montre *chique*, qui désigne à la fois le rouleau de tabac qu'on mâche et l'état d'ivresse légère.

3. — *Mots et sens nouveaux*

Les termes suivants sont très usuels dans l'argot des tranchées. On y remarque nombre d'acquisitions récentes, dont plusieurs, comme forme ou comme sens, étaient peu ou point connues avant la Guerre. Ils manquent à tous les recueils de parisianismes.

Énumérons tout d'abord quelques créations d'ordre formel :

Biler, *se bilotter*, se faire de la bile (ou tout simplement *s'en faire*) : « Ça sera peut-être pour la prochaine distribution... mais ne *te bilotte* pas... », Galopin, *Les Poilus*, p. 30.

Cuistance, cuisine, croisement des deux synonymes *cuisine* et *becquetance*, d'où le dérivé *cuis-*

tancier, cuisiner, ce dernier appelé plus fréquemment *cuistau*, modelé à son tour d'après *restau-(rateur)* : « On va te faire bouffer la *cuistance* à Gaspard », René X., *Parisiens à la guerre*, 3 mars 1915. — « Pour ce qu'est de la *cuistance*, c'est à ne pas y croire : le matin, on a son chocolat ou son café au lait... », Galopin, *Les Poilus*, p. 54.

Doublard, sergent-major et, par abréviation, le *double* : « Le *doublard* est ainsi surnommé à cause du double liseré qui anime discrètement chacune de ses manches », *Echo des Marmites*, Supplément au n° 2. — « Etes-vous *doublard* ? Ben, alors? » René X., *Parisiens à la guerre*, 24 mars 1915.

Pinard, vin : c'est pineau, nom de cépage connu, avec substitution récente de suffixe, sous l'influence analogique de *ginglard*, petit vin acide et vert : « On va s'en f... plein la lampe du *pinard*, susurrait Bouleau », *Le Petit Echo*, n° 15.

Piston, aphérèse de *capiston*, capitaine : « La

compagnie est toujours commandée par un *piston* », *Echo des marmites*, n° 2, Supplément. — « Écoute, poteau, le *piston*, il est colère », René X., *Parisiens à la guerre*, 24 mars 1915.

Voici maintenant les vocables qui nous intéressent sous le rapport du sens :

Bonhomme (avec le pluriel *bon'hommes*), appellation générale donnée au bleu : « Quand tout fut porté à la compagnie, Gaspard dit : Qu'on m'envoie les *bon'hommes* un à un et en ordre !... Il conte des embuscades terribles où il y avait plus d'obus que de *bon'hommes* », René X., *Parisiens à la guerre*, 3 et 13 mars 1915.

Ce nom a désigné dans le passé et désigne encore dans nos patois le paysan (avec le pluriel *bonhommes* et non *bonshommes*) : les gens de guerre en avait fait jadis un sobriquet ; il s'applique aujourd'hui aux hommes du peuple en général.

Bousiller, tuer (d'après le « Vocabulaire de la guerre »), proprement exécuter mal un travail, l'action maladroite ayant passé de la besogne matérielle à l'action meurtrière, évolution de sens analogue au synonyme *zigouiller*.

Boyau, fossé qui conduit aux tranchées et dans lequel on descend par un escalier de terre battue : « La tranchée s'est vidée peu à peu et c'est maintenant dans le *boyau* de retraite un bruit de pas étouffés », Galopin, *Les Poilus*, p. 17.

Brutal, vin, à côté d'*électrique*, l'un et l'autre exprimant la liqueur d'après ses effets plus ou moins étourdissants.

Cheval, mandat, métaphore qui rappelle le *bidet* du jargon des malfaiteurs, désignant la correspondance des prisonniers d'une fenêtre à l'autre de la prison. Le courrier est ici assimilé au coursier qui le porte. Le mandat y est aussi appelé *ours,* sobriquet donné au cheval, et *pigeon,* par allusion au pigeon voyageur.

Filon, chance : *avoir le filon,* c'est avoir la

veine, métaphore qui s'entend d'elle-même. Un de mes correspondants me communique ceci : « Le *filon* joue un grand rôle dans la vie du soldat ; il désigne tout ce qui est agréable, qui procure du repos, dispense de service, fait obtenir une distribution supplémentaire, met à l'abri du danger. Lorsqu'*on a le filon*, on est *pénard* ou *pépère*, c'est-à-dire tranquille. » On lit dans la Lettre de l'ouvrier parisien déjà citée : « J'ai heureusement un aide de camp, nous avons le *filon* tous les deux, car nous sommes exempts de corvées, de garde, de pose de fil de fer, etc. Je te parle de *filon*, tu ne sais peut-être pas ce que ça veut dire ; contente-toi de savoir que c'est une maladie que tout le monde n'attrappe pas. »

Pâle, malade, la pâleur étant l'indice extérieur le plus frappant de toute maladie : « Il déclarait qu'il ne se battrait plus... qu'il allait se faire porter *pâle* », René X., *Parisiens à la guerre*, 6 mars 1915. — « Pendant que les autres y se font casser la gueule, toi tu te fais porter *pâle* », 'Galopin, *Les Poilus*, p. 85.

Pépère, c'est-à-dire *gros père*, homme tranquille et prudent, qui a pris toutes les précautions pour être en sûreté ; être *pépère*, c'est être à l'abri, être tranquille (voir ci-dessus au mot *filon*). *Pépère*, forme enfantine pour père, désigne surtout le grand-père ou tout vieillard, mais aussi (comme en Picardie) on qualifie de *gros pépère*, un jeune garçon bien portant. *Pépère* est aussi le nom qu'on donne parfois aux territoriaux, aux pères de famille : *Poilus* et *Pépères*.

Repérer, terme technique d'artilleur, pris au sens généralisé de trouver, de découvrir : « Pour le moment j'ai *repéré* un coinsteau d'où j'ai reniflé quelque chose », *Petit Echo*, 28 février 1915.

Pied, sous-officier : « A nos braves sous-off. le terme de *pieds* continue, sans aucune discussion, à être universellement appliqué. On ne sait pas pourquoi », *Echo des Marmites*, n° 2, Supplément.

Le mot n'est pas nouveau, mais nous l'avons retenu pour la remarque qui clôt la citation. Cette observation est intéressante en ce sens qu'elle témoigne de l'oubli graduel de l'origine de certaines expressions métaphoriques. Le mot est abstrait de *pied de banc*, désignant, dans le langage des casernes, le sergent d'une compagnie (un banc a quatre pieds et une compagnie, quatre sergents): « Les bleus s'alignent, tant bien que mal, le *pied de banc* les compte, les recompte... », *Almanach du Père Peinard*, 1894, p. 40.

Ajoutons ces quelques noms propres devenus communs :

Aramon, vin ordinaire débité, à Paris, par les gargotiers. Aramon est le nom d'un cépage répandu dans le Midi, principalement dans le Gard, dont Aramon est un canton : « A nous l'*aramon* ! jubilait Cossard », *Petit Écho* du 28 février 1915.

Gédéon, dit *Gueule d'Empeigne*, type du dégénéré physique et intellectuel, personnage princi-

pal d'une revue jouée à Ba-Ta-Clan, rôle d'amou-
reux fort laid, inflammable et ridicule, type popularisé par les caricatures d'un humoriste de
talent, Joë Bridge, actuellement prisonnier.

Panam, appellation récente de Paris, à côté de
Pantruche. Le *Petit Voisognard*, organe bi-heb-
domadaire du 369ᵉ Terrassiers, du 21 mars 1915,
sous le titre « Petit Larousse de la Tranchée »,
explique ainsi ces deux synonymes, l'un ancien et
l'autre nouveau : « *Panam*, nom d'amour donné
par les Parisiens à leur village... *Pantruche*, village voisin de Pantin où les Parisiens se retire-
ront à la paix. »

Zigomar, nom récent du sabre des cavaliers :
« Le langage militaire, savoureux et truculent,
tire ses meilleurs effets d'une condensation énergique... Rarement un objet est nommé [au dépôt]
par son nom académique... Le sabre, c'est un *zigomar*. Pourquoi ? » Le *Temps* du 24 mai 1915.

Zigomar est le titre et le principal personnage

d'un roman policier de Léon Sazie, paru dans le *Matin* de 1910. Il y est représenté comme bandit à cagoule, mystérieux, invisible. Le nom de ce héros, popularisé encore par le cinéma, fut ainsi donné récemment au sabre, de même que les épées des chevaliers du passé portaient toutes un nom célèbre.

4. — *Noms facétieux*

La gaieté et la bonne humeur de nos Poilus sont abondamment représentées dans ce vocabulaire spécial. Voici les appellations les plus frappantes :

L'eau-de-vie y porte le nom plaisant d'*eau pour les yeux* : « On se déhotte vers six plombes, on s'ouvre les châsses avec de l'*eau pour les yeux* et on avale le jus », écrit l'auteur de la Lettre d'un Pantruchard. Un de mes correspondants en donne cette explication : « *Eau pour les yeux*, eau-de-vie. Quand on a les yeux collés le matin, au réveil, un petit verre de mirabelle, dit-on, vous les ouvre. »

Deux autres noms récents de cette liqueur — *casse-patte* et *roule-par-terre* — en font ressortir des effets moins plaisants. Ces expressions rappellent les synonymes vulgaires de *casse-poitrine* et d'*assommoir*, ce dernier appliqué à l'ensemble des boissons alcooliques et surtout au débit où on les sert : « Goûte-moi ce *casse-patte*, vieux ? » *Petit Echo* du 28 février 1915.

Nos Poilus désignent plaisamment la baïonnette par *cure-dents* et *fourchette* (*Aller à la fourchette*, c'est charger à la baïonnette), à côté de *tire-boches* ou *tue-boches* : « Alors le môme... prend son *tue-boches* et va prendre la faction à un poste de grenades », Lettre d'un ouvrier parisien.

On lui donne en outre le surnom de *Rosalie*, répondant à *Jacqueline*, sobriquet du sabre des cavaliers. L'arme est ici plaisamment envisagée comme la bien-aimée du troupier, conception ancienne que mentionne déjà Brantôme, dans ses *Rodomontades espagnoles* : « Ceste espée me faict ressouvenir d'un de nos vieux capitaines du Piedmont, que j'ai cogneu, qui pourtant ne faisoit pas plus grands miracles de son espée qu'un autre, et disoit : « Quiconque aura une affaire à moy, il faut qu'il ait affaire à *Martine* que me voylà au costé (appellant son espée *Martine*), et quiconque me la besoignera (usant de l'aultre mot sallaud qui commence par *f*),qu'il die hardiment qu'il aura besoigné la meilleure espée de France. »

L'*Echo des Gourbis*, organe des Troglodytes du front, a consacré tout son numéro du 3 mai 1915 à la *Journée de Rosalie*. Une pièce en vers y débute ainsi :

Une brave Française,
Partout où l'on se bat,
S'en va dans la fournaise
Avec chaque soldat.

Toujours elle est en tête

Quand on monte à l'assaut :

C'est la Baïonnette...

Mais le nom qu'il lui faut,

C'est ce nom nouveau,

Fier et rigolo,

Chic, Français et Parigot.

Rosalie ! Rosalie !

Ton nouveau nom te va bien.

Faut, ma belle,

Qu'on t'appelle

Ainsi, sacré nom d'un chien !

. . . .

Théodore Botrel, le barde breton, l'a également célébrée en une chanson de quatorze couplets, parue dans le *Bulletin des Armées* du 4 novembre 1914. Et d'autre part : « Robin a tiré du fourreau son épée-baïonnette et s'avance en rampant jusqu'à la troupe... Un coup de feu donnerait l'éveil, tandis que la bonne *Rosalie* est silencieuse et fait toujours du bon travail », Galopin, *Les Poilus*, p. 38.

La sollicitude du fantassin pour sa baïonnette égale celle de l'artilleur pour sa pièce, sa bien-aimée : « Le commandant a défilé ses canons le long de la route et les artiflots profitent de ce moment d'accalmie pour écouvillonner leurs jolies pièces de 75, qu'ils soignent avec tendresse comme si c'étaient leurs petites poules », Galopin, *Les Poilus*, p. 6.

Le fusil, à l'heure actuelle, s'appelle plaisamment, dans la tranchée, *arbalète, lance-pierres, nougat, seringue.*

La mitrailleuse y est assimilée, à cause de son tric-trac, à une *machine à découdre* ou à un *moulin à café* : « Entends-tu ces pieds-là, avec leur sale *moulin à café ?* » René X., *Parisiens à la guerre.* — « Avant d'avoir fait cent mètres, nous serons fauchés par les *moulins à café* comme des tiges de pavot », Galopin, *Les Poilus*, p. 4.

De là *aller au jus* (c'est-à-dire aller au café), c'est se précipiter à l'assaut de la tranchée ennemie et affronter ainsi la mitrailleuse boche, au son spécial, qui fait pleuvoir les balles.

Voici quelques autres de ces appellations plaisantes :

Bouchers noirs, surnom donné aux artilleurs, d'après leur sombre uniforme : « Voilà que passe à toute allure un régiment entier de *bouchers noirs*, roulant dans la poussière leurs petits 75 tout égosillés encore de la partition précédente », *Le Journal* du 21 juin 1915.

Coucou, obus et aéroplane qui jette des bombes : « On a eu le filon de s'esbigner des *coucous* », *Le Journal* du 21 juin 1915.

Crèche, abri dans les tranchées, et logis, synonyme de *cambuse* et de *turne* : « Moi, dès demain, je demande à changer de *crèche* », Galopin, *Les Poilus*, p. 85.

Marie-Louise, sobriquet donné aux jeunes recrues de la classe 15, par allusion aux conscrits de 1815 qui avaient pris ce titre, aujourd'hui en opposition avec les *Poilus* : « Les vieux, les grognards, côtoient les *Marie-Louise*, les jeunes de la classe 15, qui n'ont encore pas vu le feu », *Le Journal* du 21 juin 1915.

Perco, blague, bruit fantaisiste de personnes toujours bien renseignées, à proprement parler renseignement venant de la cuisine, *perco* étant l'abréviation de percolateur pour le café : « Vers dix plombes on va au plume, en attendant qu'un *perco* à la graisse d'oie nous dise que les Boches ont mis les bouts de bois » (c'est-à-dire qu'ils se sont sauvés), Lettre d'un Pantruchard. — « Une reconnaissance ?... Oh ! alors je marche... Faites excuse, mon capitaine, je croyais que c'était encore un *perco*; y sont tellement fumistes dans cette sacrée compagnie ! » Galopin, *Les Poilus*, p. 18.

Singe, bœuf, et surtout viande de conserve, d'où *boîte de singe*, boîte de conserve : « En un tour de main, carabines, cartouches, *boîtes de singe* et Poilus avaient pris place », *Le Journal* du 21 juin 1915. — « Nous avons tapé dur sur la boule [de son] et les *boîtes de singe*... », Galopin, *Les Poilus*, p. 3.

La même expression désigne l'obus de 77 : « Ces mots sont à peine prononcés qu'une explosion terrible fait trembler le sol, à quelques mètres de nous. Un nuage de terre nous enveloppe. C'est un obus de 77 (une *boîte de singe*, comme nous disons) qui vient d'éclater en avant de la tranchée... Il y a aussi une sacrée batterie, cachée derrière un bois, et qui distribue des *boîtes de singe* en veux-tu, en voilà », Galopin, *Les Poilus*, p. 4 et 17.

Tacot, terme de dérision appliqué à une automobile usée, à une guimbarde, par allusion au bruit du *tacot* ou taquet, petit appareil qui, dans les métiers à tisser, met en mouvement la navette volante : « Peut-être est-il préférable que nous ayons raté le *tacot*... Oh ! oh ! dit Abeilhou, après avoir jeté un coup d'œil sur l'auto, ça, c'est autre chose que notre *tacot*... ça doit détaler... », Galopin, *Les Poilus*, p. 13 et 69.

Taupe, surnom donné aux soldats allemands des tranchées qui y creusent des galeries et des gîtes, véritables taupinières : « Nous demeurons, tapis dans l'herbe, sans faire un mouvement. Les *taupes* avancent toujours, — les *taupes*, ce sont les Allemands. Nous les avons ainsi baptisés parce qu'ils remuent sans cesse la terre, avec laquelle ils se confondent, grâce à la couleur de leurs uniformes », Galopin, *Les Poilus*, p. 5.

Tauriaux, les *terribles tauriaux*, c'est-à-dire les terribles taureaux (prononciation vulgaire du mot), jeu de mot sur territoriaux : « Jusqu'aux territoriaux, les *terribles tauriaux*, comme on les appelle, qui montrent autant d'entrain que les jeunes », Galopin, *Les Poilus*, p. 20.

Je cueille encore dans la lettre d'un de mes

correspondants ces indications : « Les Poilus appellent *perroquet* le tireur d'élite qui souvent se juche sur un arbre pour élargir son champ de tir et mieux descendre les Boches. Et cette expression macabrement plaisante : *gagner la croix de bois, mériter la croix de bois*, c'est mourir au champ d'honneur, réplique à la *croix de fer* dont se constellent les poitrines boches. »

Mais revenons à la note joyeuse. Voici le début de la Lettre d'un Pantruchard (dans le *Rigolboche*) : « Quand les Bobosses ont mis les voiles des tranchées (c'est-à-dire se sont sauvés), avec tout leur bardin, on a pris le *Saurer* des Galeries Lafayette, et sommes à l'heure au repos. » Le *Saurer* veut dire l'autobus, parce que presque tous les camions employés dans la région [de l'Argonne] porte la marque Saurer.

Cette lettre d'un Parisien à ses parents est, d'ailleurs, d'un bout à l'autre une source de franche gaieté, excellent antidote contre le *cafard*, expression militaire du spleen qui s'empare du troupier après un séjour prolongé dans la caserne, du bleu dans le dépôt, du Poilu dans la tranchée : « Toute la journée ils ont été la proie du *cafard*, un *cafard* affreux, le *cafard* du dépôt », *Le Temps* du 24 mai 1915. — « Il faut se faire une raison... ne pas regarder plus loin que le champ de bataille, sans quoi, si l'on se laissait envahir par le regret, c'est pour le coup qu'on l'aurait, le *cafard*, et sérieusement encore !... Décidément le *cafard* me travaille de plus en plus. J'ai beau faire un effort sur moi-même, essayer de chasser le noir qui me descend dans le cœur, je ne puis y parvenir », Galopin, *Les Poilus*, p. 6 et 16.

Le *cafard* est le nom de la blatte des cuisines, insecte qu'on prétend importé du Levant et appelé encore *bête noire*, d'où la notion de mélancolie, de nostalgie, de profond abattement. C'est un apport des colonies, où le *cafard* sévit tout particulièrement.

5. — *Termes coloniaux*

Depuis la conquête de l'Algérie et surtout depuis l'institution des troupes africaines, nombre de termes algériens, appartenant soit à l'arabe du Nord soit au mélange linguistique connu sous le nom de *sabir*, ont pénétré jusqu'à Paris, et ont trouvé accès dans le bas-langage de la capitale. D'autres, restés confinés dans les sphères militaires, se tenaient à l'écart du courant général. Depuis cette guerre qui a réuni, dans la même tranchée, les Poilus de France et ceux de son empire colonial, ces termes spéciaux ou rarement employés sont en train de se répandre et de se généraliser. En voici quelques exemples :

Bardin, bagages militaires (voir ci-dessus un exemple du *Rigolboche*), forme parallèle à *barda*, havresac, fourniment (en arabe : bagages). Le mot a subi récemment l'influence analogique de la finale de *butin*.

Guitoune ou *gourbi*, noms donnés aux abris destinés aux officiers, aux fractions de réserve ou aux troupes de seconde ligne : « La *guitoune* où j'habite est comme qui dirait une cave », Lettre d'un ouvrier parisien. En arabe algérien, *kitoun* désigne la tente de voyage, et *gourbi*, la hutte de branchage et de terre sèche, comme celle des Kabyles et des Arabes cultivateurs.

Kasba, maison, synonyme de *cambuse* et de *canfouine* : l'algérien *qaçabah* signifie citadelle ou palais d'un souverain.

Nouba, fête, fait pendant à la *bombe* des troupiers, à la *bordée* des marins, à la *ribouldingue* des ouvriers parisiens : « Ah ! les copains, c'est là nouba ! On va enfin pouvoir se cogner sans que les flics aient rien à voir, » René X., *Parisiens à la guerre*, 13 mars 1915. Ce terme algérien se lit chez Jehan Rictus, *Cœur populaire*, p. 86. La *noubah* est, en Algérie, le nom de la musique des turcos qui joue des airs populaires arabes.

Toubib, médecin-major (on arabe *tebib*), mot déjà connu à Paris, devenu très usuel dans les tranchées : « Les Poilus qui se sont faits porter pâles vont voir le *toubib* », Lettre d'un Pantruchard (dans le *Rigolboche*).

Parmi ces apports des colonies, le plus caractéristique est peut-être la *cagna* ou *cagnat*, qui désigne l'abri individuel, sous terre ou sur terre. Ce mot figure dans la Lettre d'un Pantruchard : « Il ne dégringole pas des marmites ou des gros noirs ou des crapouillots pour chambouler la *cagnat* », c'est-à-dire pour bouleverser l'abri qui sert d'habitation. Avec le sens généralisé : « Son intérieur, il le regardait de tous ses yeux : Ah ! la *cagna* ! Revoir sa *cagna* !... C'est propre ici et c'est mignon ! » René X..., *Parisiens à la guerre*, 20 mars 1915. Dans la dernière Lettre d'un ouvrier parisien, le mot se présente déjà sous une forme francisée : « Alors le môme décarre de la *cagne*..., prend son tue-boches... »

C'est l'espagnol *caña* (lisez *cagnia*) qui signifie à la fois roseau et galerie de mine, mot que nos turcos ont emprunté au *sabir*, c'est-à-dire au jargon mélangé d'arabe, d'espagnol, d'italien et de français qu'on parle en Algérie et dans le Nord de l'Afrique. Ce terme est une des importations coloniales les plus récentes et se rattache intimement à la vie des tranchées.

6. — *Mots de jargon*

Il nous reste, pour rendre ce tableau aussi complet que possible, à relever une dernière catégorie de mots, celle des termes de l'ancien jargon des malfaiteurs, dont abonde le langage des Poilus, comme l'argot parisien lui-même. C'est ainsi que, dans le « Vocabulaire de la guerre », on trouve, pour soldat, à côté de *poilu*, son synonyme *griveton*, pendant moderne des anciens *grivois*; qu'argent s'y dit *auber*, comme dans le jargon des Coquillards dijonnais de l'an 1455 ; que couteau y porte les noms de *lingue* et de *surin*, le premier, dans la *Vie généreuse* de 1596, le dernier, dans Vidocq (1827) ; que la porte y est appelée *lourde*, comme dans le *Jargon* de 1628, et la maison *taule*, comme dans Vidocq.

Mais toutes les appellations de cette origine, l'argot des tranchées les possède en commun avec le langage populaire parisien. Ce dernier a absorbé toutes les langues spéciales, tous les argots des classes professionnelles, la province et les colonies, ce qui explique sa richesse étonnante, son coloris, sa verve, sa vie débordante.

Les catégories que nous venons d'examiner représentent en raccourci quelques-uns des éléments constitutifs de la langue populaire elle-même. L'argot des tranchées n'est en effet qu'un fragment de l'argot parisien, et celui-ci, la quintessence des éléments viables de toutes les époques, mais surtout des parlers professionnels et provin-

ciaux de la première moitié de XIXe siècle. Parmi
ces contributions spéciales qui ont alors afflué de
tous côtés, celles apportées par les malfaiteurs ne
sont ni les moins nombreuses, ni les moins carac-
téristiques.

Les soldats, les marins, les ouvriers de toutes
spécialités ont tour à tour fourni leurs contin-
gents, et ces apports sont venus se fondre dans le
creuset unique qu'est l'idiome vulgaire parisien.
Celui-ci est actuellement parlé par des millions
de Parisiens et de provinciaux, par les masses
compactes du peuple. On peut même soutenir,
jusqu'à un certain point, que l'argot parisien de
nos jours, organe exclusif de toutes les basses
classes de la capitale et de la France, représente
réellement la seule langue vivante, qui bat à
l'unisson de l'âme populaire et qui reflète les
transformations immédiates de la vie sociale.
L'argot des tranchées n'en est, sous ce rapport,
que sa manifestation la plus récente.

PIÈCES DOCUMENTAIRES

A. — LETTRES DES POILUS

Il a paru, depuis le début des hostilités, un très grand nombre de ces lettres dans la presse, et la librairie Berger-Levrault vient d'en publier un premier choix sous le titre de *Lettres héroïques*. Une moisson plus abondante nous est offerte dans les *Lettres de Héros* (1914-1915), de Robert Lostrange, et dans *La Vie de guerre contée par nos soldats* de Charles Foley (1915). Ces recueils ne constituent d'ailleurs qu'un simple fragment de l'énorme masse de lettres qu'a provoquées la grande Guerre.

Les plus intéressantes, à notre point de vue spécial, sont celles qu'a fait connaître le *Figaro*[1] de janvier et mars 1915, lettres dans lesquelles un ouvrier parisien donne à sa sœur des détails curieux sur sa vie de tranchée. Ces missives, empreintes de verve et de bonne humeur, sont écrites dans le plus pur argot parisien. Elles constituent, sous le rapport linguistique et psychologique, un document des plus précieux.

Voici ces lettres dans leur ordre chronologique :

---

1. Nous adressons nos meilleurs remerciements à M. Alfred Capus, rédacteur en chef du *Figaro,* qui a bien voulu nous autoriser à publier cette correspondance.

LETTRES D'UN OUVRIER PARISIEN A SA SOEUR

15 septembre 1914.

Chère Jeanne,

Je reçois à l'instant ta lettre du 24. Je t'en ai écrit au moins trois ; je me porte très bien et j'ai vu Léon hier. Il a une mine superbe, du moins à ce que j'ai trouvé, car depuis vingt-deux jours que nous sommes au feu, sans trêve, nous ne nous débarbouillons pas souvent. Et avec nos barbes d'un mois, nous ne sommes plus habitués à voir des figures bien propres et rasées de frais. Heureusement que je crois que ça ne durera pas longtemps maintenant, car les Boches sont en train de prendre une bonne purge, je t'assure !

On en fourre un bon coup quoique étant fatigué.

Arthur, le cousin de Chitenay, a été tué à côté de moi, le pauvre vieux !

No fais pas attention si ma lettre n'a guère de suite, je suis pressé. A bientôt.

ALBERT.

Jeudi, 26 septembre 1914.

Chère Jeanne,

Je mets la main à la plume (*sic*) pour t'envoyer un petit bonjour ; je me porte relativement bien, à part un peu de fatigue, ça marche. Inutile de te dire que c'est justement parce que ça marche beaucoup qu'il y a un peu de fatigue. Enfin, pas de blessure c'est le principal !

Embrasse tout le monde de ma part.

ALBERT.

27 septembre 1914.

Chère Jeanne,

Je viens de recevoir ta carte ; ne t'inquiète pas,

5

je ne suis pas blessé; ce que je ne comprends pas, c'est que tu ne reçoives pas mes lettres; tu me demandes si j'ai besoin de quelque chose? Et bien voilà ! Si cela ne t'embête pas trop, je vais te demander de me faire un petit colis, et vais te dire ce que tu pourrais mettre dedans : du chocolat, puis du papier à cigarette (tu sais que nous avons droit à 500 grammes); si tu as une petite boîte en fer-blanc ou en carton assez solide, ce sera épatant, car un copain qui s'est fait expédier du chocolat dans un simple papier a vu son colis arriver pulvérisé.

Je t'ai écrit une carte le 25; nous allons, je crois, être mis un peu au repos; nous ne l'aurons pas volé depuis un mois et demi que les obus nous éclatent autour des oreilles; j'ai cru un moment devenir fou. Pense, sur mon escouade de seize hommes je reste avec deux autres; nous ne sommes plus guère capables de faire grand'chose. C'est peut-être pour cela que nous serons retirés de la

ligne de feu pour être reformés avec des territoriaux.

Je t'embrasse bien fort.

Ton frangin,

ALBERT.

13 octobre.

Ma chère Jeanne,

Je te remercie de tes deux colis que j'ai bien
reçus ; le colis d'effets je l'ai eu ce matin seulement, il a mis beaucoup plus de temps à m'arriver que le chocolat que j'ai reçu il y a trois jours ;
il est vrai que le chocolat est venu par la poste et
les effets par le chemin de fer ; l'essentiel est que
les deux me sont parvenus. Je te remercie mille
fois.

Le chocolat me sert pour mon petit déjeuner :
je le fais à l'eau, et je trouve cela délicieux.

Quant au linge, je me suis changé complètement ; ce n'était pas trop tôt, car je commençais

à sentir le gredin. Maintenant me voilà paré pour quelque temps; je ne sais si Adrienne t'a dit que nous étions au repos dans un petit patelin; les marmites des Boches ne nous tombent plus sur la gueule. Nous en entendons seulement le bruit sourd, au loin; cela nous semble bon après vingt-quatre jours de tranchées. J'ai les hanches à vif, cela n'a rien de drôle, quand je pense que j'ai été à la même place, dans le même trou pendant vingt-quatre jours. Tu ne peux t'imaginer ce que cela représente.

Comme nourriture pas grand'chose, si bien que maintenant que nous sommes au repos il n'y a plus de bonhomme. Je t'écris en ce moment auprès d'une mare où je suis depuis au moins trois heures. Je pense à vous tous et cela est toujours autant de temps passé avec vous. Je ne sais combien de temps je vais encore rester ici, mais j'ai vraiment la cosse pour me débiner de là; tu penseras que pourtant ce n'est pas pénible de rester couché dans une tranchée pendant des journées entières, mais c'est le sommeil qui nous manquait ; jour et nuit c'était la fusillade partout, autour de nous, des plaintes. La tension d'esprit est vraiment grande et c'est cela la grande fatigue.

Tu me demandes si je veux de l'argent, je n'en ai pas besoin ; je te remercie donc, mais si en douce tu veux être gentille pour m'envoyer un petit colis, ça je n'y vois pas d'inconvénient. J'ai des envies de saucisson ; il me semble que ça se conserve et que ça peut voyager. Si tu veux envoyer de l'argent à Alfred, tu n'as pas à craindre que cela n'arrive pas, ici les camarades en reçoivent et pas un n'a encore perdu d'argent ; il faut par exemple envoyer par lettre recommandée et cachetée.

Voilà, ma chère Jeanne ; je vais terminer en te priant d'embrasser tout le monde pour moi ; garde pour toi un gros baiser de ton frère.

Albert Pion.

Si tu m'envoies un petit colis, de la charcu-
terie, hein! saucisson ou pâté quelconque. Merci
d'avance.

21 octobre 1914.

Chère Jeanne,

Nous venons de recevoir l'ordre de retourner
dans les tranchées ce soir, pour combien de temps
encore, hélas ! !

Je suis navré que ce pauvre Fredo soit aussi
gravement atteint. Enfin, s'il ne reste pas estropié,
il est sûr aussi de rapporter sa peau.

Nous avons, pour le moment, un temps bien
maussade; il tombe de la flotte toute la journée;
qu'est-ce que l'on va prendre sur les os, si ce
temps-là persiste! Je suis bien content que tu m'aies
envoyé mon cache-nez; comme il ne fait pas froid,
je me l'entoure autour du corps le soir, avec le
chandail, la capote, puis une grande couverture
que j'ai fait aux pattes; je ne suis pas le plus mal-

heureux de l'équipe. Vois-tu, à la guerre, il ne faut pas s'embarrasser dans les barreaux de la chaise.

Tu me dis que tu es marchande de quatre saisons et que tu cries: « Chasselas de Fontainebleau !» Je vois que vous aussi vous faites de drôles de métiers ; on dit qu'il n'y en a pas de sot. Le nôtre pourtant !...

Je garde toujours ma barbe ; tu ne te figures pas la tête que ça me fait. Quand tu me verras arriver, tu te figureras voir le père Chicano. Je termine en t'embrassant bien fort et j'espère bien revoir Pantruche bientôt.

ALBERT.

Forêt de l'Argonne (toujours),
25 octobre 1914.

Ma chère Jeanne,

Quelques lignes pour passer le temps, car je n'ai rien de nouveau ; pour le moment, nous sommes

toujours dans la forêt; je commence à m'y plaire.
Voilà déjà trois jours que nous y sommes revenus,
il paraît que cette fois nous serons relevés dans
six jours, cela nous fera une dizaine de jours ter-
rés dans les tranchées; ce sera bien suffisant.

Bref, ma santé est toujours bonne; j'ai repris
un peu de mine pendant les douze jours de repos
qui nous ont été accordés. Puis cette fois-ci nous
sommes ravitaillés, on peut faire notre popotte;
c'est l'eau qui nous manque ; il faut faire quatre
kilomètres pour aller en chercher. Ça ne fait rien,
nous sommes moins malheureux que dans les
tranchées précédentes; je n'ai plus froid la nuit
grâce aux effets que tu m'as envoyés. Adrienne
m'a dit qu'elle m'envoyait un passe-montagne,
avec cela, je serai complètement paré. Ce qui me
chiffonne, c'est que son passe-montagne me chif-
fonnera ma barbe ! elle grandit, les poils ont
déjà cinq centimètres de long. Je suis superbe !

Comme tu le vois, je n'ai rien de nouveau, je

n'ai pas de nouvelles de Léon, et pourtant il n'est pas loin d'ici. Son régiment est dans les tranchées au bout des nôtres, c'est dommage que nous n'ayons pas le droit de nous déplacer, sans cela j'irais jusque-là.

Dis donc, je vais encore te taper ! Pourrais-tu m'avoir deux briquets à essence ou plutôt un à essence et un à amadou ? Je t'en demande deux, parce que j'ai un copain qui est de la campagne et il a écrit à sa femme pour qu'elle lui en envoie un, elle n'a pas pu en trouver. Ça ne presse pas, envoie-moi cela quand tu pourras ; tu vas peut-être trouver que j'abuse, mais que veux-tu ici on ne trouve ni allumettes ni briquets. Vivement la classe, bon Dieu !

Je termine en t'embrassant bien fort ainsi que toute la famille. Et ce pauvre vieux Fredo, il est tout de même bien touché, pourvu qu'il ne reste pas boiteux. Ton frangin (pour la vie),

ALBERT.

Forêt de l'Argonne, 26 octobre 1914.

Chère Jeanne,

J'ai reçu ton colis hier et je t'écris aujourd'hui pour te remercier. Cela m'a fait bien plaisir d'en améliorer l'ordinaire. J'ai déjà causé deux mots au saucisson ; il est extra ; un petit morceau à chaque repas ; du chocolat le matin, le pâté qui subira le même sort que le saucisson ; une cibiche pour faire la digestion... ça peut ! Tout cela grâce à la gentillesse de ma bonne Jeanne ; je te remercie *jusqu'à la gauche.*

Pour ce qu'il y a de nouveau depuis hier, c'est la même chose ; les Boches sont assez calmes, ceux qui sont en face de nous ; mais à gauche, ça barde ; nous, ici, nous sommes sur une crête en avant ; il y a un grand ravin ; les Boches sont sur la crête en face, nous faisons des patrouilles dans le ravin ; j'en arrive à l'instant ; c'est le moment d'ouvrir l'œil ; on l'ouvre aussi, t'en fais pas, et la bonne. Le ...° hier a pris quatre mitrailleuses ; c'est le régiment de ce pauvre Fredo. S'il n'était pas blessé, tu vois, nous serions tous les trois l'un à côté de l'autre.

Ce qui est moche, c'est que les feuilles tombent ; les arbres sont presque à nu, il ne nous est pas facile de sortir des tranchées, ils nous voient, en face ; pour eux, il est vrai, c'est la même chose.

Pendant que je t'écris, les copains sont à l'affût pour tâcher d'en voir montrer leur nez ; nous sommes à la chasse, quoi ! à la chasse à l'homme...

Comme tu vois, rien de nouveau ; quand tu m'écriras, si tu peux bien me mettre une ou deux coupures de journaux, ce qu'il y a intéressant la guerre, les copains en reçoivent et comme cela on sait un peu quelque chose.

J'ai dû lâcher le casque que je devais rapporter à Jojo, car les Boches fusillent les prisonniers ayant sur eux des effets appartenant aux leurs ;

je tâcherai d'en avoir un autre à la fin des hostilités, ce n'est pas ça qui manque en ce moment ;
il y en a plein le bois.

J'écris à Adrienne pour la remercier de son
passe-montagne. C'est très chaud ; je me le suis
mis sur la cabèche dès hier soir.

ALBERT.

J'allais oublier de te remercier de ton billet de
cinq francs. Je n'en avais pas besoin. Merci quand
même.

UNE ATTAQUE DE NUIT

30 octobre 1914.

Je t'ai écrit il y a deux jours et je te disais
que Léon était disparu à sa compagnie ; il y est
revenu ; je l'ai vu ce matin et il m'a dit avoir vu
Fredo hier matin ; comme tu le vois ils sont en
bonne santé ; mais ce que Léon n'a pas l'air gai :
il est vrai que ce n'est pas à la guerre qu'il

deviendra ribouldingue. (Cherche dans le Larousse).

Moi ça marche toujours, je ne me fais pas de bile pour un sou ; je suis maintenant habitué aux pétarades de toutes sortes et je suis dans le même état d'esprit que le soir de mon départ ; je n'ai pas toujours été comme ça, lorsque pendant trois semaines nous avons reculé ; je croyais que nous étions fichus et je n'étais pas gai, mais maintenant que ça marche de l'avant, pourquoi s'en faire, ça marche bien, c'est le principal ; quant à avoir la gueule cassée ça n'arrive qu'une fois, puis le plus fort est fait pour le ...ᵉ corps maintenant et nous sommes, pour le moment du moins, relativement tranquilles.

Il y a eu cependant dans la forêt un sacré coup de gueule, la deuxième fois : avant-hier, les Boches se sont avisés de nous charger la nuit à la baïonnette. On se demandait ce qui arrivait ; on entendit d'abord une petite trompette, figure-toi

une corne pour appeler les vaches ; puis des *hoch* !
frénétiques ; c'était eux qui nous chargeaient.
Résultat : feux de salve de notre part, nos clairons, à leur tour, sonnent la charge ; nous bon-
dissons en avant, ils se sauvent, leur petite trompette s'arrête ; il en reste pas mal sur le carreau,
et ce matin nous faisons quelques centaines de
prisonniers. C'est un petit détail entre mille que
je te cite pour te prouver qu'ils ne sont pas terribles.

Il commence à faire très froid la nuit, pourrais-
tu m'envoyer un chandail, bon marché naturellement, car j'espère que je n'aurai pas à m'en
servir longtemps maintenant, tu vas peut-être
dire que je te demande beaucoup, mais je ne peux
l'acheter par ici.

Ton frère qui t'embrasse très fort.

Chère Jeanne,

A moi touché ! encore un coup, ce n'est pas très grave, j'ai pris un éclat d'obus au coude gauche, j'ai cru d'abord que j'avais le bras emporté, mais il est encore tout entier, j'ai seulement le bras engourdi, je ne peux faire marcher un doigt ; j'ai été à la visite ; ils m'ont fait un simple massage. Est-ce que les Boches auraient numéroté mes abatis ; à Bar-le-Duc c'est la jambe droite ; cette fois-ci c'est le bras gauche ; n'empêche que c'est loupé pour eux quand même et j'espère bien pouvoir leur balancer des pruneaux sur la pêche avant peu.

Nous sommes pour le moment pas en première ligne ; les balles ne peuvent nous atteindre, mais, comme tu le vois, les obus éclatent très loin de nous.

De Léon, pas de nouvelles ; j'ai reçu une lettre de Fredo, il me dit que ça va mieux.

Merci encore une fois de ton colis. Le saucisson, le pâté et le chocolat me permettent de me caler les joues entre les repas, j'engraisse sais-tu ? ma barbe grandit toujours.

J'écris à Raymonde en même temps qu'à toi ; je lui dis que j'ai au cou trois médailles accrochées au cordon de ma plaque d'identité ; j'ai demandé aux copains, si j'étais touché, de te les envoyer à toi. Il y en aurait une pour toi, une pour Adrienne et une pour Raymonde. C'est un curé, le curé Rabier, de Chitenay, qui me les a données en partant de Blois et m'a juré que si je les conservais, elles me porteraient bonne chance ; je ne les ai jamais quittées et, ma foi, je ne peux pas m'en plaindre jusqu'à ce moment. Comme tu vois, je suis prévoyant ; j'espère bien vous les rapporter moi-même, mais en douce, si des fois !

Je termine, ma Jeanne, en t'embrassant bien fort ; souhaite le bonjour à tout le monde pour moi.

La Toussaint.

Chère Jeanne,

Je reçois à l'instant ta lettre du 25, j'y réponds de suite, cela m'est facile, car je n'ai que cela à faire pour le moment. Je suis dans un petit patelin au repos en attendant que je puisse remuer mes doigts ; cela va de mieux en mieux et demain je crois que le major me renverra dans les tranchées.

Tu me dis qu'Alfred est au feu lui aussi, pauvre vieux ; dis-lui, quand tu lui écriras, que je lùi souhaite bonne chance. Il est dans le Nord, il paraît que cela barde un peu par là. Enfin, que veux-tu, il faut encore en fourrer un bon coup avant d'être libéré, prenons notre mal en patience et attendons.

Je vois que tu te fais toujours de la bile, mais

il n'arrive que ce qui doit arriver, la preuve, c'est que voilà deux fois que je suis touché et que je suis toujours vivant.

Entre parenthèses, j'entends nos petits canons de montagne et nos 120 longs qui leur envoient des pains à cacheter ; ça tonne dur, ils ne doivent pas se faire gros dans leurs tranchées ; ça me fait plaisir et, tout seul, je me dis : « Allez-y, les gars ! » Les Boches aussi répondent, mais nos braves artiflots n'ont pas l'air de s'en émouvoir. Si tu voyais comme ils sont beaux et courageux ! Ce que je les ai admirés depuis le commencement de la guerre, rester des journées entières dans la mitraille ! En ce moment, c'est le duel d'artillerie le plus sérieux que je n'ai encore entendu.

Tu as dû voir dans le journal que nous avons exterminé un régiment de Boches dans l'Argonne; nous faisons, vois-tu, du bon boulot. Quant à Arthur, c'est comme tu le dis, pas tout à fait sûr; quant à Léon, c'est bizarre aussi qu'il ne donne pas de nouvelles. Si seulement je pouvais voir son régiment...

Je termine en te souhaitant d'avoir du courage, il en faut ; moi j'en ai et je suis impatient de retourner dans les tranchées car ici c'est avec un peu d'inquiétude que j'écoute cette canonnade furieuse ; je voudrais savoir ce que ça donne là-bas, il est certain que nous ne reculerons pas, plutôt y crever tous.

Je t'embrasse.

7 novembre 1914.

Chère Jeanne,

Comme papier, tu le vois, ce n'est pas la richesse ; il commence à se faire rare depuis bientôt vingt jours que nous sommes revenus sur les tranchées. J'ai reçu ta lettre hier où tu m'annonces le briquet et les kilomètres d'amadou. Merci d'avance. Je ne l'ai encore pas reçu, ce sera probablement pour demain ; le service des

colis marche bien par ici ; c'est fâcheux que ce
pauvre Alfred ne puisse pas recevoir les siens.
Et Léon, je suis bien heureux qu'il soit sain et
sauf ; j'étais très inquiet, car les copains de son
escouade ne savaient pas ce qu'il était devenu, je
le savais depuis longtemps et je le croyais mort ;
je ne te le disais pas, mais n'en pensais pas moins.
Quant à être bien traité comme il le dit, j'en
doute fort, enfin il est sûr de revenir, et moi j'en
suis moins sûr ; quoique cela, j'aime mieux être
encore au service de la France que prisonnier
des Boches.

Vends-tu toujours tes pommes et tes poires ?
Si tu manques de pommes, tu peux venir par ici,
les pommiers en sont pleins et il n'y a personne
pour les ramasser que des soldats ; ils s'en char-
gent !

Je me porte toujours très bien, à part la han-
che gauche, qui ne me fait pas mal, mais qui est
un peu enflée, c'est probablement de l'ankylose ;

cela n'a rien d'étonnant étant couché dans une tranchée du matin au soir sans bouger. Il commence à faire frisquet, le brouillard est très épais, nous sommes obligés de tirer des feux de salves de temps en temps pour empêcher les Boches d'avancer sur nos tranchées ; depuis trois jours ils ne tirent plus le canon, pourtant les nôtres leur en fourrent un bon coup. Si seulement ils n'avaient plus de munitions. J'ai vu un journal du 8 : ils ont l'air d'avoir pris quelque chose dans le Nord.

Voilà, ma vieille Jeannette, je t'embrasse bien fort et te prie d'embrasser tout le monde pour moi.

11 novembre 1914.

Chère Jeanne,

J'ai reçu hier soir ta lettre du 6.

Nous sommes encore une fois au repos, ça ne nous fait pas de mal, on l'a bien gagné, cela me permet de recommencer mes petites cuisines, chocolat, puis on trouve du vin, ça colle.

Alors, ce pauvre Alfred se plaint d'avoir froid ; si seulement il recevait ses colis, il est vrai qu'il doit avoir reçu comme nous par ici ; on nous a donné des chemises, des caleçons, des chandails, cache-nez, ceintures de flanelle, etc. Si Raoul n'était pas parti à Lyon, il serait peut-être avec moi maintenant, car les hommes de son escouade sont venus nous rejoindre hier soir ; je ne sais pas ce qu'il fabrique, tu m'avais dit qu'il devait m'écrire et je ne reçois rien du tout de lui.

Julienne m'a écrit hier.

Elle me demande de lui écrire et lui dire ce que je veux qu'elle m'envoie ; je lui réponds en même temps qu'à toi et je lui demande des victuailles. Pour la gueule, toujours pour la gueule.

Je voudrais bien, comme toi, que ce soit fini, mais, hélas ! ça ne va pas vite ; on ne veut, il me semble, rien brusquer pour économiser nos vies, et je trouve ça logique ; il vaut mieux que cela dure un mois de plus et revenir avec notre couenne.

Les nouveaux arrivants ont une tenue nouvelle ; c'est d'un bleu tendre, c'est beau, mais quand ils vont avoir fait du plat-ventre pendant quelques cents mètres dans la boue, ils seront moins frais. Je te parle de plat-ventre, on ne marche guère autrement, on dirait que l'on veut nous apprendre à nager ; on peut apprendre, car on passe dans la boue et dans l'eau. Vois-tu, lorsqu'on arrive près des Boches, nous ne sommes plus qu'une boule de terre ; c'est peut-être pour cela qu'ils ont peur, car ils font une drôle de binette lorsqu'ils nous voient charger. Je n'aurais jamais cru que j'aurais la force de fourrer ma baïonnette dans le ventre d'un autre et pourtant ça m'est déjà arrivé deux fois. Et après la charge, celui qui n'a pas de sang après sa lame se fait laver la tête d'importance par nous tous.

Léon doit avoir été fait prisonnier, et à mes côtés, c'est une nuit où justement nous avons chargé ; c'était terrible, nous étions mélangés avec les Boches, on s'en fourrait des coups, même entre nous. Il faisait tellement noir un moment donné, les Boches hurlaient derrière nous ; nous avions passé au delà de leurs lignes sans s'en apercevoir. Alors Léon a dû se trouver entouré ; je te dis que ce doit être là, car c'est justement le 22, jour qu'il a été pris, que cette charge a eu lieu. Je me rappelle, car je marque sur un carnet ce que nous faisons tous les jours.

Je termine en t'embrassant.

14 novembre.

On vient de me dire que la guerre sera finie à la fin du mois. Crois-tu à cela ? Pour ma part, je n'y crois point. Ce sera peut-être fini à la fin du mois de mars.

Il fait ici un temps abominable, la pluie a fait

suite au brouillard intense, il ne faut malheureu-
sement pas s'attendre à autre chose qu'à cela
maintenant.

Voilà, ma Jeannette, tout le nouveau. Adrienne
m'a demandé si je voulais mes bandes ; je lui ai
répondu que oui ; je les endurerai bien. Merci
d'avance.

Embrasse tout le monde pour moi.

Ton frère qui t'aime.

21 novembre 1914.

Bonjour, ma sœur !! Comment vas-tu ? Bien,
j'espère ! Moi, ça marche toujours, mais bon Dieu,
ce qu'il fait froid ! Nous sommes relevés des tranchées ce matin pour cinq jours et mis dans une
espèce de patelin démoli ; nous sommes plutôt plus
mal que dans les tranchées et pas plus à l'abri
des obus.

Comme entrée en matière, tu vois que je n'ai
rien de nouveau à t'apprendre, et si je t'écris

aujourd'hui c'est simplement pour te faire savoir que ma santé est excellente ; j'ai, heureusement pour moi, le coffre assez solide et je suis certain de pouvoir supporter les intempéries : il n'y a que les marmites qui pourraient avoir raison de ma carcasse.

29 novembre 1914.

J'ai reçu hier soir ton colis d'effets ; merci, tu vois que le service postal marche toujours bien par ici. J'espère que maintenant Alfred reçoit les siens. Il paraît qu'il est mis en extrême réserve ; tu vois qu'il ne faut pas désespérer, ni te faire trop de bile. Je suis toujours dans les tranchées, et cette nuit nous avons pris quelque chose comme flotte sur la bobine. Il y en a une bouillie. Je ne me plains pas, cela ne m'avancerait à rien, puis je ne trouve plus rien de terrible, nous en avons tellement passé.

Crois-tu que les Boches peuvent y faire mainte-

nant du côté russe ? C'est la déroute de notre côté,
les attaques qu'ils risquent sont invariablement
repoussées ; ils ont l'air de vouloir tâter un peu
par ici, maintenant, mais ça n'a et n'aura rien à
faire. La preuve c'est que malgré leurs attaques,
nous avons gagné du terrain, je te parle de ma
compagnie.

Il y a au moins dix ou douze jours que je n'ai
pas reçu de tes lettres ; je suis persuadé que tu
m'as pourtant écrit, mais la poste, toujours la
poste !

J'ai bon espoir que cela ne durera pas longtemps maintenant. Quelle bombe, ce jour-là ! Vous
parlez tous de prendre une cuite ce jour-là, moi
je voudrais être gai, à moitié noir, quoi ! pour vous
raconter, avec tous les détails voulus, nos faits
d'armes ; il y en a de beaux, va !

N'oublie pas de souhaiter le bonjour à Alfred
pour moi, ainsi qu'à toute la famille ; je t'embrasse bien fort.

30 novembre 1914.

J'ai reçu hier soir et ta lettre et ton colis ; je te remercie bien ; je n'ai encore pas entamé ni le saucisson ni le chocolat, mais je crois que le sort qui leur est réservé n'est pas enviable ; c'est vrai qu'un saucisson ça doit, s'en f... un peu ; il est tombé sur un antropophage, tant pis pour lui, il sera chocolat.

Vois-tu le nouveau, c'est du beau. Pourtant en triturant le fromage blanc qui me sert de cervelle, je trouve à te dire que si ton mari est en extrême réserve, le même Albert y est itout (tyrolienne) pour je ne sais combien de temps, mais cela ne m'intéresse pas pour le moment ; je commencerai à la voir mauvaise bien assez tôt lorsqu'on nous ramènera aux tranchées.

Il y a du vin ici à un franc le litre. C'est cher, mais nous sommes bien heureux de trouver cela, depuis deux mois que nous en sommes sevrés.

Comme je le dis à Didi, à moi les folles ivresses !

Alors ce pauvre Alfred s'est battu lui aussi comme un lion, il a eu le bonheur de n'être pas touché, mais son régiment a beaucoup souffert, me dis-tu ; il sera probablement reconstitué avec des territoriaux qui sont forcément plus ménagés, que les régiments actifs. Espère, va, ma Jeanne, je sens que nous reviendrons tous et dame, alors ribouldingue en règle !

Je pense souvent à ce pauvre Léon. Que peut-il fabriquer ? Comme prisonnier, il casse probablement de la pierre ! Je suis tranquille à son sujet, il reviendra sans blessure, mais par quelles bassesses devra-t-il passer ?

Du côté russe, ça marche. C'est eux qui maintenant vont faire le plus fort de la besogne. Et ils ont l'air d'être des gens bien résolus à leur administrer la râclée. Guillaume a envoyé cependant de leur côté ses meilleurs soldats et ses meilleurs officiers. Ils prennent la pipe tout de même. Il a dit à son Edimbourg que la mère Patric avait les yeux fixés sur lui; si elle le regarde encore quelque temps, elle ne verra plus, je l'espère, qu'une armée bafouée, battue et pas contente.

Voilà, ma chère Jeanne, tout le nouveau.
Embrasse toute la famille pour moi.

Ton frère qui t'aime.

7 décembre 1914.

Ne te fais donc pas tant de bile au sujet d'Albert. Il dit qu'il aime mieux marcher que d'être dans les tranchées : il a raison, car il n'y fait pas bon ; quelle boue, mon empereur! Nous en sommes enduits ; si tu me voyais, tu ne me prendrais pas pour un soldat. Si, peut-être, car j'en ai malgré tout la silhouette ; mais pour ce qui est de la nuance des fringues, on ne la voit plus guère.

Il ne fait pas froid en ce moment, mais de la flotte et du grand vent ; le capuchon ne me quitte pas ; c'est très utile, car avec, j'ai la tête et les épaules complètement à l'abri ; j'y ai mis un bouton dans le bas pour qu'il me serre aux épaules ; sans cela, le vent le relevait continuellement. La petite lampe m'a déjà servi des fois et elle est aussi neuve qu'avant ; je veux te dire par là que ça ne s'use pas pour ainsi dire. Merci.

Cette fois-ci nous sommes très exposés aux obus ; ils nous en ont fourré 95 hier ; je les ai comptés (agrément du dimanche), puis j'ai joué aux cartes ; on s'amuse aussi à composer des chansons ; je ne t'en envoie pas, car elles sont très risquées.

Voilà, ma chère Jeanne, tout le nouveau ; espère et ne te fais pas de mauvais sang ; voilà Noël ; cette année ce sera bien le Noël des gueux.

13 décembre 1914.

J'ai reçu hier ta lettre du 16. Tu me dis que cela ne te plaît pas de me savoir de retour aux tranchées. Tu pourras demander autre chose, si tu l'obtiens j'en serai heureux, mais j'en doute fort ; que veux-tu ? c'est la vie actuelle ! Je n'ajoute pas : « on s'y habitue » ; non ! car comme tu le penses, plus ça va, plus c'est moche. Surtout pendant les huit jours que nous venons d'y passer : de l'eau toute la journée. Nous étions les pattes dans l'eau jusque par-dessus les godasses et j'aime mieux le froid.

Enfin après ces huit jours passés là-bas on nous a ramenés dans un patelin toujours le même, on va pouvoir roufflonner un brin, ça ne pourra pas nous faire de mal. Il y a tellement de boue sur les fringues, que nous avons renoncé à les brosser ; il ne reste plus qu'à les laver pour enlever le plus gros.

J'ai reçu une lettre de Fredo hier, il va bien et me dit que Fernand, le frère d'Arthur, a été tué à Ypres. C'est navrant, surtout pour ses pauvres parents ; comme tu le dis, nous, sur quatre, il n'y

en a encore pas de moins. Ce n'est pas fini, c'est
vrai, mais j'ai bon espoir. Il est embêtant que
Léon ne donne pas de ses nouvelles. Mais comme
tu le dis, il ne faut pas s'alarmer, car il est certain qu'ils ne peuvent pas écrire tous les jours.
Les nouvelles sont toujours bonnes, j'ai entendu
dire, est-ce vrai? que l'Italie et la Roumanie ont
l'air de vouloir bouger ; qu'ils y mettent donc un
peu la main. Alors, du coup, Guillaume devien-
drait fou.

Je ne vois plus rien à te raconter; mon rhume
est complètement guéri, ça marche ; j'attends la
classe avec impatience, voilà.

Ton frangin qui t'aime et qui t'embrasse,

Signé : ALBERT.

« La Terreur des Boches » — hum !

Ma chère Jeanne,

Tu me demandes une longue lettre, je vais tâcher, je te dois bien cela, pas ? Pourtant, en ce moment, j'ai, comme tous les *auteurs* du reste, de la paresse de l'esprit, je travaille tellement du citron, car tu sais que je suis *crapouilloteur*. On a doublé mes batteries, je n'avais que deux pièces, j'en ai maintenant quatre. J'ai heureusement un aide de camp, nous avons le filon tous les deux, car nous sommes exempts de corvées, de garde, de pose de fil de fer, etc. Je te parle de *filon*, tu ne sais peut-être pas ce que ça veut dire ; contente-toi de savoir que c'est une maladie que tout le monde n'attrape pas.

Je vais, si tu le permets, te donner l'emploi de mon temps : le matin, à quatre heures, un mec vient frapper à ma porte, un vieux sac qui bouche l'entrée du boxon, et balance un :

« Debout là-d'dans ! » Alors le môme Laraupem [1] décarre de la cagne, il se frotte un peu le coin des carreaux, prend son tue-boches et va prendre la faction à un poste de grenades pour en mettre plein le cigare à Friedrick, s'il voulait venir nous souhaiter le bonjour. Tu sais que c'est surtout le matin, au petit jour, que ces fantaisies-là les prennent. Ça ne les prend plus souvent maintenant. Je suis donc à ce poste jusqu'au grand jour, c'est-à-dire cinq heures environ. Après ça, je viens voir mon cabot qui me sert la gniaule. Ça finit complètement de me réveiller. Je descends dans le ravin chercher les crapouillots nécessaires, c'est-à-dire une cinquantaine, et lorsque les Boches en envoient un, il faut qu'immédiatement je leur en envoie deux.

Je n'attends pas toujours que les Boches tirent, sans cela j'en aurais plus des trois quarts de

1. C'est de l'argot des bouchers : Paraud, le nom de la famille de notre ouvrier.

reste. Ils n'ont pas la bonne vie les malheureux
Boches, car on leur fait toutes les misères possibles. Le « 75 » leur fourre au moins deux rafales
par jour. Hier, il y a un obus' qui a dû entrer
dans une guitoune, car le sac à Fritz est accro-
ché pantelant au haut d'un chêne. S'il était couché, la tête dessus, il a été capable de la perdre. Moi, avant-hier, avec un crapouillot de 90,
j'ai mis le feu à une guitoune, ça a flambé pendant au moins une demi-heure. Ils devaient en
faire un ramdam !

Avec tout cela, je n'ai pas fini de te donner
l'emploi de mon temps. Le soir, à la tombée de la
nuit, je retourne à mon poste du matin, ça y est !
Lorsqu'il fait nuit noire, je vais me coucher. Tu
vois, ce n'est pas terrible. Ce qui l'est le plus,
c'est que je suis mal logé. La guitoune où j'habite, c'est *comme qui dirait* une cave. Il va donc
sans dire que j'ai l'eau à tous les étages, quand il
pleut surtout. Le chauffage n'a rien de central,

c'est du bois vert qui enfume un peu l'apparte-
ment... et le locataire.

L'éclairage, une boîte à sardines pleine de
graisse d'arme, avec une ficelle qui sert de mèche.
Tout ça fume, j'en ai les yeux rouges comme un
lapin russe. Maintenant, ça va, il ne fait pas froid,
il ne tombe pas d'eau, je ne fais plus de feu, il y
a donc un peu moins de fumée. Ce qui manque
aussi c'est un petit coup de picolo.

Maintenant, je vais un peu t'expliquer en quoi
consiste l'ameublement. Comme plumard, tu vas
te tordre ! c'est une tôle ondulée. Je l'ai choisie
ainsi parce que, c'est bien simple, je n'avais pas
l'embarras du choix. Pas d'armoire à glace, ni
commode, ni table. Je constate que j'aurais mieux
fait de te dire tout de suite que je n'ai que ma tôle
pour tout mobilier ; les huissiers peuvent s'ame-
ner, ils ne saisiront pas grand'chose. A ce sujet,
du reste, je suis tranquille.

Bref, ça fait aujourd'hui vingt-cinq jours que

nous sommes ici, ça commence à compter, et on
ne nous parle pas encore de relève. Comme je le
dis à Adrienne, ça compte sur le congé, mais ça
ne fait rien, je voudrais bien un peu aller dans un
patelin pour roupiller comme il faut sur un bon
lit de paille, car la tôle, ce n'est pas le rêve. Je
me réveille le matin tout raide. Enfin, que veux-
tu? encore un peu de patience. Ça marche bien
des deux côtés (Russie et France), alors il n'y a
pas lieu de se plaindre. Le principal c'est que ça
marche et que nous en sortions sains et saufs, et
victorieux.

On sent bien maintenant, nous autres qui
sommes sur les lieux, que les Boches en ont mar.
Notre artillerie les harcelle toute la journée et
toute la nuit. Eux, ne répondent pour ainsi dire
pas. Il est sept heures du soir, c'est-à-dire voici
la nuit, ils nous ont fourré quatre coups de canon
de 150. Ça fait un tintamarre du diable, quand ça
arrive et quand ça éclate, mais ils sont en fonte

et font un malheureux petit trou. Quelle différence avec ceux qu'ils nous balançaient au début !
Je crois qu'ils sont allés un peu fort avec leurs
munitions, en premier, et que maintenant ils se
trouvent bec d'ombrelle. Leur 77 ! Il y a de quoi
se mordre l'œil en dormant la bouche ouverte.
Quand il en arrive, maintenant, on ne se dérange
même pas.

Nous allons avoir des nouveaux crapouillots.
Je ne donne pas de détails à ce sujet, je dirai
seulement que ça pèse environ 40 kilos. S'il en
arrive un comme ça dans le blair à Fritz, il aura
des chances d'aller faire un vol plané. Voilà, ma
vieille Jeanne, la longue lettre de débloquage.
C'est peut-être un peu décousu, comme ma capote ;
pas tant, tout de même, je crois. Car, si ça continue, je vais perdre la première manche. Mais,
quoi ! on n'est pas des bœufs, ni des voitures à
bras.

Je crois que je vais avoir ma photo. Ne te

réjouis pas encore. Il n'y a rien de sûr. Tu verras cette tête de bandit ! Je me marquerai d'une
croix, car tu ne me reconnaîtrais pas.

Je te quitte, car la consigne m'appelle.

Je t'envoie beaucoup de baisers. Prends ce
qu'il te faudra et distribue le reste à la famille.

Ton frangin qui ne s'en fait pas. T'en fais pas
non plus.

ALBERT.

B. — JOURNAUX DU FRONT

Ces périodiques, encore isolés au mois de janvier 1915, se sont depuis multipliés et représentent aujourd'hui un ensemble important. Une liste provisoire en a paru dans la *Liberté* du 4 juillet 1915, et la librairie Berger-Levrault en prépare une Anthologie.

La collection la plus complète à l'heure actuelle est celle de la Bibliothèque Nationale, dont on est redevable à l'initiative et aux soins particuliers du conservateur, M. Charles de La Roncière. Nous l'avons consultée, non sans fruit [1].

Ces Journaux du front abondent en détails pittoresques et amusants, mais leur style étant plutôt littéraire, ils sont moins riches que les Lettres des Poilus en tournures et expression parisiennes. Les pièces que nous reproduisons sont à peu près les seules qui méritent à cet égard d'arrêter notre attention. Les deux premières sont tirées de l'*Écho des Marmites*; les autres, du *Rigolboche*. La dernière pièce, reproduction intégrale du n° 20 (août 1915), est une caractéristique amusante et curieuse, sorte de *Physiologie* humoristique du Poilu envisagé sous ses différents aspects : militaire, social, linguistique.

1. Grâce à l'amabilité de M. de La Roncière auquel nous exprimons toute notre gratitude. Nous remercions également M. Pierre Albin qui a mis obligeamment à notre disposition la collection des Journaux du front que possède le Ministère des Affaires Étrangères.

1. — LE VOCABULAIRE DE LA GUERRE
(*Premier article*)

La guerre qui a amené de nombreuses pertur-
bations, n'a pas laissé indemne la langue française :
un certain nombre de termes ont changé de signification. Il importe que chacun soit au courant de
ces transformations et n'emploie plus, par exemple,
le mot *autobus*, pour parler des voitures automo-
biles servant au transport des voyageurs. Ce terme
désigne maintenant le morceau de viande, devant
servir en principe à l'alimentation du soldat, mais
que la meilleure des mâchoires se refuse à enta-
mer. *Rognure de taxis* peut être employé, mais
c'est moins noble ; *barbaque* est démodé.

On emploie le mot *becqueter*, pour désigner
l'action de manger, cette opération se fait dans
une *auge* ou *galetouse*, sauf dans le cas où les

distributions de l'ordinaire n'ont pas lieu : on dit alors qu'on a *becqueté des clarinettes*. La *colle* est cet excellent riz si apprécié par la fréquence de son retour. Le *nougat* n'a rien de commun avec celui de Montélimar, c'est le fusil, et ce qu'on appelle *pruneaux* constitue un détestable dessert quand on en est le bénéficiaire.

Il est d'usage maintenant de calibrer les *cigares* au millimètre ; les plus en vogue sont les 75 ; quand on veut désigner des 120, on se sert du mot *pipe* et quand on veut parler de sa pipe, on dit : je vais bourrer une vieille *quenaupe*. Mais ne parlez jamais de la *débourrer*, ce terme est réservé pour parler élégamment du drame qui se passe aux feuillées. N'allez pas demander de la *braise* au cuisinier, c'est le vaguemestre qui en distribue ; et si vous désirez un *cure-dents*, ne soyez pas étonné si l'on vous apporte une baïonnette.

Quand votre capitaine demande un *bicycliste*, veillez à ce que ce ne soit pas un homme à lunetto qui réponde à l'appel. La première fois qu'on va au feu, il est permis d'*avoir les grelots*, mais jamais *d'en jouer un air. Se débiner* n'est plus de mode, mieux vaut se faire *bouziller*, et si vous recevez un shrapnell dans le *buffet* ne soyez pas étonné qu'on vous signale l'arrivée de l'ambulance en disant : voici le *paquebot*. Lorsqu'il tombe de la *flotte*, on peut avoir les *pinceaux* gelés ; dans ce cas on change de *russes*.

La compagnie est toujours commandée par un *piston*, mais ne comptez pas sur un de ses *coups* pour vous *embusquer*. Il est de très mauvais goût de désigner l'adjudant sous le nom de *chien de quartier*. Entre gens bien élevés, on lui applique l'abréviatif *juteux. Le doublard* est ainsi surnommé à cause du double liseré qui anime discrètement chacune de ses manches.

L'impartialité de notre information nous oblige de constater qu'à nos braves sous-off. le terme de *pieds* continue, sans aucune discussion, à être

universellement appliqué : on ne sait pas pourquoi. L'appellation peu élégante de *cabots* à
l'adresse des caporaux trouve par contre sa raison d'être dans les manifestations habituelles de
leur activité.

Se démerder est un terme employé par un gradé
pour signifier à un Poilu qu'il doit faire quelque
chose avec rien. A un importun qui vous rase ne
dites pas : *zut,* la politesse exige que vous lui
répondiez: *à la gare !* et si vous avez affaire à un
ballot, vous ajoutez : *au bout du quai !*

Enfin si vous avez le *cafard,* procurez-vous le
Supplément de l'*Echo des Marmites :* Se trouve
dans toutes les *armoires à glace.* Se lit dans toutes les *crèches.*

AGATHA [1]

1. Pseudonyme de deux Poilus, Robert Layus et M⁰ Latour,
sergents au 309⁰.

2. — LE VOCABULAIRE DE LA GUERRE
(Deuxième article)

Les lecteurs de l'*Écho des Marmites* ayant paru apprécier dans notre dernier numéro l'article d' « Agatha » sur le vocabulaire de la guerre, nous nous faisons un plaisir d'initier plus complètement le grand public au secret de l'argot des tranchées.

Allumette : Souffrante, flambante.
Argent : Poignon, auber, pèze, braise.
Avoir de l'argent : Être aux as.
Baïonnette : Fourchette, cure-dents, Rosalie.
Balle : Pruneau.
Battre (recommencer à se) : Remettre cela.
Billet de Banque : Faflot.
Bœuf : Singe.
Boucher : Louchébem.

Bruit : Boucan, schproum, bouzin, baroufle.

Café : Jus.

Chaussure: Pompe, ribouis, godasse, latte, tartine, croquenaud.

Cheval : Bourrin, canasson, carcan, têtard, tréteau.

Chemise : Liquette, limace.

Chien : Klebs, cabot (terme servant aussi à désigner un caporal).

Cigarette : Sèche, sibiche.

Couteau : Lingue, surin.

Cuisine : Croûte, tambouille, cuistance.

Cuisinier : Cuisteau, cuistancier.

Cuite : Biture, muffée.

Eau : Flotte (pour les ablutions seulement).

Eau-de-vie : Cric, casse-pattes, schnaps, schnick, niaule, eau pour les yeux, tord-boyaux, roule-par-terre.

Femme : Poule, gonzesse, gerse, ménesse.

Femme de mauvaises mœurs : Marmite (ne pas

confondre avec celle de l'*Écho*), punaise, pétasse, grognasse, radasse, rombière.

Fête : Bombe, bordée, nouba, ribouldingue.

Fou : Dingo, piqué, louftingue.

Fromage : Fromegie, court-tout seul.

Fusil : Flingue, flingot, arbalète, lance-pierres, seringue, nougat.

Heure : Plombe.

Homme de petite taille : Bas du cul, rase terre, loin du ciel.

Homme de grande taille : Gratte-ciel, double-mètre.

Homme maigre : Fil de fer, lame d'acier.

Homme corpulent : Bibendum, presse-papier.

Homme peu dégourdi : Ballot, baluchard, péquenot, cul-terreux, petzouille, croquant, cambrousard.

Homme peu favorisé de la nature : Tout moche, face mocho, mal éclos, mal balancé, Gedéon, gueule-d'empeigne.

Homme paresseux: Cossard, flemmard, bras cassé, bras retourné, genoux creux, tire-au-cul, tire au flanc.

Homme peu scrupuleux : Aviateur, étrangleur, démerdard.

Ivrogne : Poivrot, blindé, noir, schlass, rétamé, retourné, brindezingue.

Jambe : Gambette, pinceau, fusain.

Journal : Canard, baveux.

Képi : Kébour, kébroc, képlard.

Lampe : Camoufle, calbombe.

Lettre : Babillarde.

Lit : Plumard, pageot, pucier.

Maison: Cambuse, canfouine, tôle, kasba, piaule, crèche.

Mandat : Cheval, ours, pigeon.

Malade : Pâle.

Malade (se faire porter): Se faire porter pâle, se faire porter raide.

Marcher : Bagotter, se baguenauder.

Médecin : Toubib.

Mensonge : Bobard, bourrage de crâne.

Mettre de côté : Balancer, vider.

Minute : Broquille.

Mitrailleuse : Moulin à café, machine à découdre.

Monnaie: Sou : Bourgue, lousse; *Franc :* Linve ;
    Pièce de 5 fr. : Thune; *Louis d'or :* Cigue.

Montre : Toquante.

Moustache : Bacchante, brosse-à-dents.

Obus : Marmite.

Paris : Panam, Pantruche.

Parisien : Pantruchard, Parigot, titi.

Pain : Bricheton, boule.

Pantalon : Falzar, grimpant, culbutant, froc,
    fendard.

Pipe : Bouffarde, quenaupe.

Porte : Lourde.

Pou : Toto.

Porte-monnaie : Morlingue.

Prisonnier : Rabioteur, tôlier.

Sac : Azor, armoire à glace, as de carreau.

Sang : Résiné.

Soldat : Poilu, troufflon, griveton.

Tabac : Perlot.

Traversin : Polochon.

Tuer : Bousiller, zigouiller.

Water-Closets : Feuillées, goguenauds.

Vêtements : Fringues, frusques, nippes,

Vin : Aramon, brutal, pinard, électrique.

3.—LETTRE D'UN PANTRUCHARD DU FRONT

Percutant-plage, le ...

Mes chers vieux,

Quand les Bobosses ont mis les voiles des tranchées avec tout leur bardin, on a pris le « Saurer » des Galeries Lafayette et sommes à c't'heure au repos. On se déhotte vers 6 plombes, on s'ouvre les châsses avec de l'eau pour les yeux et on avale le jus. Il n'y a pas à se magner pour se fringuer, car on se pagnotte avec ses grolles et son fondard et on n'a qu'à se coller son képroque.

Quand l'appel a été fait par le pied de banc (un mec que je ne peux pas blairer), les poilus qui se sont faits porter pâles vont voir le toubib ; les autres démurgent et vont bagoter à l'exercice pour se dégeler les fumerons. Quand on radine au patelin, on se tape le rapport ousqu'on nous donne les babillardes et les paxons, puis on se coltine les distribes, on touche de la barbaque gelée. Quelquefois du pinard, mais le plus souvent, on se l'accroche toujours nib de gnole. Puis on va becqueter ; comme le cuistot fait de la becquetance maous pépère, on s'en fout plein la lampe.

Après avoir grillé une sibiche de perlot ou une bouffarde de gros cul, on en écrase sans s'en faire une miette, car on ne prend pas de pruneaux en poire ; il ne dégringole pas de marmites ou des gros noirs ou des crapouillots pour chambouler la cagnat.

Le soir quelques-uns vont à la corvée de cirage et les types qui sont rétamés où qui chèrent de trop près des fumelles pigent de la grosse. Comme je n'en pince pas pour la tôle, je fais une partie de brêmes. Vers 10 plombes on va au plume en attendant qu'un perco à la graisse d'oie nous dise que les Boches ont mis les bouts de bois. Mais ce serait trop vernoche...

> J'espère que la Censure
> Pour moi ne sera pas trop dure.
> Ma prose en langage guerrier,
> Sans qu'elle puisse l'inquiéter,
> Vous fera voir, mes chers Parents,
> Comment se passe notre temps.

N. B. — Les personnes qui ne saisiraient pas très bien le langage du front sont priées de venir faire un petit séjour aux tranchées, où elles auront toute facilité pour l'apprendre et le parler.

4. — UNE FRANCE INCONNUE

QUELQUES JOURS CHEZ LES SAUVAGES

SENSATIONNELLE DÉCOUVERTE D'UN SAVANT. — (Nous donnons in-extenso ce rapport à l'Académie suivi d'un petit lexique illustré.)

J'allais herborisant à travers bois, lorsque je fus assailli par les Sauvages. J'appellerai leur race la race grise, à cause du ton uniformément terreux de toute la population. M'ayant pris pour un de leurs dieux qu'ils nomment *Civlô*, ils se livrèrent devant moi à une danse sacrée.

LE VILLAGE. — Les Sauvages qui se donnent le titre de *Poilus*, quel que soit le développement de leur système pileux, en sont arrivés au degré de civilisation des lacustres, et l'existence d'une population si arriérée, à quelques kilomètres des civilisés, sera toujours pour moi un insoluble problème. Ils habitent des tanières creusées dans le sol et recouvertes de troncs d'arbres et de branchages. Pour accéder à ces huttes qu'ils nomment *guitounes*, ils ont construit des chemins de bois à cause de la nature marécageuse du terrain où ils se complaisent.

LES MŒURS. — Leur religion est zoomorphiste. Ils adorent un grand oiseau qu'ils appellent *Tôb*. Le chef du clan a seul le droit de le regarder en face. Lorsqu'il plane au-dessus du village, un instrument de musique primitif salue sa venue et les Sauvages se précipitent dans leurs tanières en manifestant les signes de la plus évidente terreur religieuse, tandis que le chef sort en gesticulant et poussant de grands cris.

Chose étrange ! la femme est inconnue des Sauvages. Aussi les Poilus ne se reproduisant pas, leur race est-elle vouée à une rapide extinc-

tion. Ils s'en consolent en prononçant ces mysté-
rieuses paroles : « Alors nous serons Civlôs », ce
qui prouve qu'ils croient à une nouvelle existence
dans un autre monde, après celle-ci.

Certains traits d'altruisme m'ont frappé. Sans
arrêt les indigènes travaillent, bêchent, piochent,
taillent et scient, et aussitôt qu'ils ont réussi à
s'assurer un demi-confort, ils se rassemblent et
quittent le village où d'autres individus viennent
se donner beaucoup de mal à transformer ce
qu'ont fait leurs prédécesseurs.

Grands chasseurs, les Poilus se servent principalement de lance-pierre pour tuer les moineaux
en forêt ; puis, périodiquement, armés de boîtes
de conserve qu'ils nomment *crapouillots* et de
queues qu'ils coupent aux rats (à quoi cela peut-
il bien leur servir ?), ils partent chasser un animal
nommé *Boche*, sans raison alimentaire, puisqu'ils
n'en mangent jamais, tant la viande, m'ont-ils
avoué, est mauvaise.

Malgré leur attirail guerrier, les Poilus sont doux et paisibles. Primitivement ils furent anthropophages, mais le progrès ayant amené un adoucissement des mœurs, ils se contentent maintenant de manger du singe.

Au point de vue social les Poilus sont collectivistes. Le trafic commercial se fait surtout par échange, et l'industrie principale est la fabrication grossière de bagues en aluminium, métal qu'ils croient naïvement le plus précieux.

LE VÊTEMENT. — Le vêtement s'appelle uniforme, et il est curieux de remarquer que ce mot a fini par prendre dans la langue poilue la signification inverse de celle qu'il avait précédemment. En effet, un Poilu n'a pas le droit de s'habiller comme son voisin, et j'en vis en violet, bleu, vert, kaki, blanc, rouge, gris, noir ; vêtus de tous les tissus et de toutes les fourrures de longueurs les plus inégales ; coiffés de tous les couvre-chefs: calotte

d'acier, bonnet, passe-montagne, casquette, képi.
Je passe les cravates et les chaussures. Supputant aussitôt les chiffres possibles, je calculai que pour le vêtement de ce peuple on arrivait à 4.253.491 combinaisons, chose impossible aux civils qui ne peuvent se permettre ces facéties qu'un jour de mi-carême.

LA LANGUE. — Je terminerai mon rapport en vous parlant de la langue poilue. Elle eut les mêmes origines que nos langues latines, ce qui me permit, au bout de quelques jours, d'arriver à la comprendre partiellement. Quelques étymologies vous éclaireront à ce sujet :

Rdb, qui signifie merveille, dérivant directement de l'égyptien *Rd*, le soleil en plein midi, père des dieux de l'Égypte, émerveillement journalier de ce peuple. Les Sauvages vivant dans le Nord, enrichirent fatalement la langue en consonnes et ajoutèrent un *b* additionnel. Θεός (Théos), dieu, donna Tô, puis *Tôb* (Dieu des Poilus), toujours par l'addition de la consonne *b*.

CONCLUSION. — Telles sont les notes hâtives que j'ai pu collationner au cours de ces quelques journées. Le petit lexique ci-joint vous permettra au surplus de contrôler sur place l'étrange découverte que le hasard m'a permis de faire.

LEXIQUE POILU-FRANÇAIS [1]

LE SAUVAGE. - SES COUTUMES [2]

Poilu. Sauvage de mœurs paisibles dont l'existence se passe à chasser le Boche.

Lattes. Voir *ribouis*.

Toubib. Magicien, gardien d'une armoire vénérée qui, chaque matin, au même groupe d'indigènes appelés *pâles*, distribue un remède universel sous la forme d'une petite pilule.

Pâle signifie malade. Le Poilu pâle, chaque matin,

1. Dans la langue Poilue le genre féminin est évacué.
2. Chaque article de ce lexique est suivi, dans le *Rigolboche*, d'une image correspondante (dessinée par Poitevin). *Note de l'éditeur*.

jette avec dégoût la pilule que le Magicien lui donne, au moment précis où ce dernier prononce la formule magique C. M. [1], et guérit instantanément.

Pompes. Voir *grolles*.

Croquenots. Voir *tartines*.

Clique. Raffût de la Saint-Polycarpe.

Perco. Tuyau qui sert à faire chauffer le jus et à donner les nouvelles des cuistots.

Godasses. Voir *lattes*.

En écraser. Coutume du Sauvage qui consiste à s'étendre et à essayer de pousser des rugissements rhytmiques plus fort que son voisin.

Pajot. Lieu de délices où l'indigène en écrase.

Grolles. Voir *godasses*.

Guitoune ou **cagnia.** Habitation orientée à la façon des cathédrales, de forme toujours imprévue, froide l'hiver, chaude l'été.

Ribouis. Voir *croquenots*.

Encaldosser [2].

Babillardes. Seules relations entre le Sauvage et le monde civilisé.

Godillots. Voir *pompes*.

LA FAUNE

Fritz. Animal sauvage vivant sur terre en société et impossible à apprivoiser (synonyme *Boche*).

1. Consultation motivée.
2. « Terme dont la signification nous est absolument inconnue. »

Boche. Animal malfaisant et destructeur que les indigènes chassent en bande.

Singe (latin *Simius*). Animal quadrumane se rapprochant beaucoup de l'homme, par sa conformation générale et son organisation interne [1].

Totos (latin *Pediculi vestimenti*). Animaux microscopiques dont chaque indigène entretient soigneusement sur lui quelques échantillons en guise d'amulettes sacrées.

Pour la gorge

Flotte. Boisson commune des Poilus, formant la base du pinard.

Jus. Boisson trouble et froide, légèrement aromatisée sur lequel les indigènes se jettent en criant : *Au rab !*

Rab. Synonyme de « merveille inconnue ». Superlatif : *Rab de rab.*

Pinard. Liquide sacré qui offre la double particularité de s'évaporer rapidement et de se transmuer en eau.

Gnôle. Autre liquide sacré que le grand-prêtre ou Kabô fait le simulacre de partager aux indigènes qui s'agitent autour de lui.

1. Ce mot est illustré de plusieurs boîtes de conserve (*Note de l'éditeur*).

POUR LA LAMPE

Paxon. Mot formant le fond de l'alimentation des Poilus. Pour faire un bon *paxon*, vous prenez de l'huile, du vinaigre, du chocolat, une demi-boîte de homard et une paire de chaussettes tricotées. Faire cuire à feu doux et servir très chaud.

Becquetance. Brouet dont la composition varie par l'alternance de ces deux éléments : Ex., le matin, riz et singe ; le soir, singe et riz.

Distribe. Grand mystère nocturne auquel ne sont admis que quelques privilégiés qui en reviennent au petit jour dans un grand état d'excitation.

Tartines. Voir *godillots*.

Flingue. Instrument de cuisine servant à préparer et servir les pruneaux.

Cuistots. Personnages mystérieux qui se groupent dans des contrées lointaines et qu'on invoque aux heures des repas.

POUR GAZER

Perlô. Troncs d'arbre que le gouvernement des Poilus, dans sa sollicitude ignifuge par crainte d'incendie, distribue aux Sauvages qui passent naïvement des heures à essayer de les faire entrer dans de minuscules fourneaux de pipe.

Sibiche. Aimée et caressée du Poilu, dont elle est la compagne, elle est particulièrement vénérée lorsqu'elle se pare d'une bague d'or. J'hésite encore à croire que ces Sauvages la grillent dans un accès de passion, car leurs mœurs m'ont paru douces.

PARTIE GRAMMATICALE

Mézigue. Pronom personnel irrégulier exclusivement masculin : 1re personne, *mézigue* ; 2e, *tongnasse* ; 3e, *sézigue* (pâteux). Pluriel : *leurs pommes.*

Nib. Négation. Ex. : *nib de rab.*

Maous. Adjectif admiratif généralement suivi de pépère, soi-soi ou poi-poil.

Fin du rapport à l'Académie
du savant professeur d'Ethnologie, M. Poilulogue.

LEXIQUE-INDEX [1]

ABATIS, membres, 79. Métaphore tirée de la volaille.
AMOULER (s'), arriver, 36. Forme répondant au syno-
    nyme *s'amener*, du vulgaire parisien, 101.
Abri (dans les tranchées), v. *cagna, gourbi, guitoune.*
Accrocher (se l'), s'en passer, 116, littéralement met-
    tre son (envie) au croc. Cette expression, curieuse

---

1. Les mots nouveaux, comme forme ou comme sens, ainsi
que ceux qui manquent aux recueils de parisianismes, sont donnés en égyptienne ; ceux qui sont usuels dans l'argot parisien, en
petites capitales. Les termes militaires français, en romain,
sont suivis de leur synonymie argotique. Les mots pourvus
d'un astérisque sont des *addenda.*

La brochure qui vient de paraître — *Le Langage des Poilus,
Petit Dictionnaire des Tranchées*, par Claude Lambert, ex-
brancardier sur le front, Bordeaux, 1915 — est un recueil insi-
gnifiant qui ne nous a fourni aucune donnée utile. Nous citons,
par contre, quelques articles fragmentaires, signés A. M., d'un
Dictionnaire du Poilu paru, à partir du 6 février 1915, dans *Le
Poilu*, journal des tranchées de Champagne, no 4 à 8. Au point
de vue comparatif, nous avons tiré quelque profit d'un curieux
article, *L'Argot des tranchées allemandes*, publié par le *Temps*
de septembre 1915.

N. B. — Nous passons rapidement sur les parisianismes courants, ces derniers devant être étudiés en détail dans un vo-
lume à paraître chez Champion : *L'Argot moderne ou le Langage populaire parisien au XIX* siècle.*

par son sens ironiquement négatif, répond à cette autre : *se mettre la ceinture*, pour jeûner.

Aéro, aéroplane : « Il y a des instants où l'on voudrait bien pouvoir se transporter en *aéro* jusqu'à la petite chambre bien chaude dont on rêve souvent, la nuit, dans les tranchées », Galopin, *Les Poilus*, p. 6.

Air (en jouer un), s'enfuir, 108. Le langage parisien dit avec le même sens : *jouer la fille de l'air*, réminiscence d'une ancienne pièce du boulevard du Temple.

Alboche, Allemand, croisement de deux synonymes, *Allemand* et *Boche* : « On te paye un sou par jour, pas pour des prunes. Crève d'abord des *Alboches…* », René X., *Parisiens à la guerre*, 3 mars 1915. Cette appellation est de quelques dizaines d'années postérieure à *Boche* ; on la lit fréquemment dans le *Père Peinard* : « On a remplacé l'aminche par un *Alboche* qui a l'air bougrement godiche », n° du 27 juillet 1890, p. 13. Le nom d'*Alboche* manque encore aux *Dictionnaires* de Delvau (1866) et de Larcher (1888). Celui-ci ne le cite que dans son *Nouveau supplément* (1889), à titre de terme de grec ou d'escroquerie au jeu. Cette constatation chronologique exclue la possibilité de tirer *Boche* d'*Alboche*. V. *Boche*.

Allemand, v. *Alboche, Boche, Friedrick, Fritz*.

Aramon, vin à partir de trente centimes le litre, 43, 115. Nom propre.

Arbalète, fusil, 49, 112. Allusion burlesque à une
arme jadis redoutable et qui n'est plus employée
que dans les jeux. V. *lance-pierre*.

Armoire a glace, sac du soldat d'infanterie, 109, 115.
Il constitue l'armoire où le troupier met ses effets
on l'appelle aussi *armoire à poils*.

Artiflot, artilleur, 19, 49, 82.

As, cavalier du premier peloton, (*Le Temps* du 24 mai
1915).

As de carreau, havresac, 115. Allusion à la forme.

As (être aux), avoir de l'argent, 110. Expression tirée
du jeu de cartes.

Attiger, blesser, 35. Mot de jargon : « Savoir si nous
le reverrons jamais... Il était salement *attigé*, vous
savez », Galopin, *Les Poilus*, p. 35.

Auber, argent, 59, 110. Ancien terme de jargon depuis
longtemps passé dans le bas-langage.

Auge, gamelle, 106. Ironie.

Auto (militaire), v. *Saurer*, *tacot*.

Autobus, viande coriace, 106. Les autobus servent au
ravitaillement. V. *rognure de taxis*.

Aviateur, homme peu scrupuleux, 113. Jeu de mots :
qui fait de beaux *vols*.

Azor, havresac, 115. Allusion à la peau de chien qui
le recouvrait autrefois.

Babillarde, lettre, 113, 116, 124. Mot de jargon devenu
populaire.

Bacchante, moustache, 114. Terme burlesque.

Bagoter, marcher, faire des exercices ou des marches pénibles, 32-33, 113, 116. C'est proprement *faire des bagots*, décharger et monter des bagages.

Baguenauder (se), marcher, faire des marches militaires, 33, 113. Ironie.

Baïonnette, v. *cure-dents*, *fourchette*, *Rosalie*, *tire-boche*, *tourne-boche*.

Balancé (mal), disgracié, 112.

Balancer, jeter des balles, 20, 79, 103. Un de mes correspondants des tranchées m'écrit : « *Qu'est-ce qu'ils balancent ?* se dit lorsque les Boches nous bombardent. Par contre, lorsque nous leur tirons dessus, les Poilus ont coutume de dire : *Qu'est-ce qu'ils prennent ?* car, dans ce cas, les Poilus ne mettent pas un seul instant en doute que le but est atteint et les résultats obtenus, tandis que les Boches ne font que *balancer* des marmites, des saucisses et des tortues. »

BALANCER, jeter en l'air, en général, en parlant des ordres donnés, 98.

BALANCER, vider la tinette, 114. Mot de caserne.

BALLOT, bête, sot (comme un paquet), 109, 112.

BALUCHARD, homme peu dégourdi, sot (comme un baluchon), 112.

BARBAQUE, viande, surtout de mauvaise qualité, 106, 116. Provincialisme berrichon (*barbi*, brebis) adopté par le langage des casernes.

BARDA, bagages militaires : « C'est le fourniment complet du Poilu comprenant garde-robe, salle à man-

ger, cuisine avec tous ses ustensiles et enfin son
équipement et son armement. Ce mot tout récemment
adopté par notre Académie remplace avantageusement d'ailleurs les mots *armes et bagages* »,
Le Dictionnaire du Poilu, dans *Le Poilu*, n° 4, 6 février 1915. Terme algérien. V. *barda*.

BARDER, manœuvrer (comportant une idée de fatigue,
d'excès), et combattre avec ardeur, chauffer, 74, 81.
Terme de caserne emprunté aux marins : « Là aussi,
ça a l'air de *barder* », Galopin, *Les Poilus*, p. 5.

Bardin, bagages militaires, 56, 115. Mot importé par
les troupiers des colonies. V. *barda*.

BAROUFLE, bruit, tapage, 111. Provincialisme marseillais (de l'ital. *baruffa*) : « En v'là du *baroufle*, murmure Jolivet », Galopin, *Les Poilus*, p. 35.

BAS DU CUL, homme de petite taille, qui a de petites
jambes, 112.

Baveux, journal, 113, c'est-à-dire bavard.

Bec d'ombrelle (se trouver), être en défaut, être
frustré, 103. On dit, avec le même sens, *tomber sur
un bec de gaz*.

BECQUETANCE, nourriture, 116, 126.

BECQUETER, manger, 106, 116. Action imagée passée
des oiseaux aux êtres humains.

Bestiau, cheval, 35. Proprement bétail, forme vulgaire.

Bibendum, homme corpulent, 112. Allusion à la caricature-réclame du Pneu-Michelin.

Bicycliste, homme à bésicles (jeu de mots), 107.

Bidoche, viande (v. *bras-cassé* et *ceinture*). Mot de caserne tiré des patois : en Berry, *bide*, désigne la vieille brebis.

Biler, bilotter (se), se faire de la bile, 37.

Binette, tête, physionomie, 87. V. *bobine*.

Bique, vieux cheval, 34. Proprement chèvre.

Biture, cuite, 111. Mot vulgaire emprunté aux marins.

Blair, nez, 103. Appellation plaisante, abrégée de *blaireau* (cf. le synonyme *pinceau*).

Blairer, détester, 116, répondant à la locution synonyme *avoir quelqu'un dans le nez*, ne pouvoir le sentir.

Bleu, v. *bonhomme, Marie-Louise*.

Blindé, ivre, 113, c'est-à-dire à l'abri de la maladie, suivant l'opinion vulgaire. C'était déjà celle du Frère Jean des Entommeures : « Cent diables me saultent au corps s'il n'y a plus de vieulx hyvrognes qu'il n'y a de vieulx medecins », Rabelais, *Gargantua*, ch. XXXI.

Bobard, mensonge, 33-34, 114. Nous y avons vu un archaïsme ; il est peut-être plus plausible de l'identifier avec le manceau *bobard*, nigaud, sot, et le sens de boniment, ou de tirade qui interloque, serait alors induit de la locution : *monter le bobard*, synonyme de celle de *monter le job*, mystifier, proprement tromper le niais, d'où la notion de menterie.

Bobine, tête, figure (ironiquement), 90. Son diminutif *bobinette* a donné, par un procédé abréviatif usuel, *binette*, physionomie (surtout ridicule), mot qui ne remonte pas au-delà du xixe siècle, ce qui écarte tout rapprochement avec un prétendu *binette*, perruque, dont l'existence ne repose sur aucun texte sérieux.

Bobosse, pour *Boboche*, même sens que *Boche*, dont il représente une variante enfantine, 54, 115.

Boche, Allemand, 9-13, 64, 68, 74, 75, 77, 79, 82, 84, 85, 87, 88, 89, 97, 99, 100, 102, 117, 120, 123-125. Mot du langage parisien qui n'a, étymologiquement, rien d'ethnique et dont l'application aux Allemands est tardive et postérieure à la guerre de 1870. Le mot était tout d'abord limité au monde de la galanterie où il qualifiait le mauvais sujet, en opposition à *muche*, jeune homme poli, doux, aimable, réservé (Delvau, 1866). De là il passa chez les imprimeurs parisiens, qui, les premiers, désignèrent (vers 1874) par *boches* les ouvriers typographes d'origine allemande ou flamande. L'appellation fut ensuite étendue à tous les Allemands. L'acception initiale de « grosse-tête » ou de « tête dure », c'est-à-dire de *caboche* (dont *boche* est l'abréviation parisienne), fut ainsi successivement appliquée aux jeunes gens peu maniables, à la main-d'œuvre de langue allemande et finalement aux Allemands, aux Luxembourgeois, aux Alsaciens, c'est-à-dire à tous ceux qu'on a appelés plus tard *Alboches*, ou Allemands-Boches (pléonasme analogue à *tête de Boche*, synonyme de *tête carrée d'Allemand*). — Sur l'origine du mot *Boche*, on a émis dans les périodiques, depuis le début de la Guerre, des hypothèses innombrables (v. l'*Intermédiaire* de 1914, 2ᵉ semestre, et de 1915) : ce sont là de vagues présomptions, qui ne tiennent aucun compte de la chronologie et surtout de l'évolution du mot dans les différents milieux qu'il a traversés : filles (vers 1860), imprimeurs (après 1870), ouvriers en général (vers 1880), avant que la Guerre actuelle ait donné à ce sobriquet, naguère plutôt ironique, un caractère d'abomination.

munition : « Tout le monde fait honneur à la *boule*, mais les Allemands plus que les autres », Galopin, *Les Poilus*, p. 15.

Bouleau, boulot, travail, 22-24, 82. Terme de métier généralisé.

Bourdon, cheval (surtout vieux), 34. Terme de mépris.

Bourgue, sou, 114. Déformation moderne de l'ancien mot jargonnesque *broque*, liard.

Bourrage de crâne, mensonge, 114, à côté de la locution verbale correspondante : « Hornitz continue à me *bourrer le crâne* avec ses boniments, mais je ne l'écoute pas », Galopin, *Les Poilus*, p. 79.

Bourrin, (mauvais) cheval, 34, 111. Provincialisme angevin.

Bousiller, tuer, 39, 108, 115, proprement faire maladroitement la besogne.

Bouts de bois (mettre les), se sauver, 51, 117. On dit, avec le même sens, *mettre les cannes, les triques* (communication des tranchées).

Boyau, fossé par où l'on pénètre dans les tranchées, 40.

Boxon, cabaret de bas étage, bordel ; nom appliqué ici plaisamment à la tranchée, 98. Terme anglais propagé par les matelots normands.

Braise, argent, 107, 110. Métaphore vulgaire tirée de la cuisine : avec de la braise on fait bouillir la marmite.

Bras cassé, homme paresseux, 113. « Ceux qui ne sont pas habituellement sur la ligne de feu — m'écrit un des correspondants des tranchées — se désignent

sous le nom de *bras cassé;* ce sont les fourriers, le
caporal d'ordinaire ou le *saindoux*, les cuisiniers qui
font la *cuistance* et confectionnent la *jaffe* avec de
la viande dite *barbaque* ou *bidoche.* »

Bras retourné, homme paresseux, 113. Même image
ironique que la précédente.

Brême, carte à jouer, 117.

Bricheton, pain, 114. Mot de caserne tiré des patois :
c'est le diminutif du normand, *brichet*, pain d'une
ou deux livres, de formes variées, qu'on fait expres-
sément pour les bergers.

Brindezingue, ivrogne, 113.

Broquille, minute, 114. Mot de jargon.

Brosse à dents, moustaches, 114. Ironie.

Brutal, vin (fort), 40, 115.

Buffet, ventre, 108. Appellation plaisante.

Cabèche, tête, 76. Forme provinciale parallèle à *caboche.*

Canot, 1° chien, 111; 2° caporal, 108, 110, appelé plaisamment *chien du régiment.*

Cafard, idée noire, ennui, 54-55, 109. Appellation
métaphorique analogue aux synonymes *hannetons* et
araignée.

Cagibi, petit réduit, petite loge (v. ci-dessous au mot
perco). Provincialisme de l'Ouest, angevin ou manceau.

Cagna, abri dans les tranchées, 58-59, 117, 124 (aussi
avec le sens généralisé de « foyer, intérieur » et sous

la forme francisée *cagne*, 99). Mot importé des colonies, désignant la petite hutte tonkinoise ou annamite, faite en bambou, dans laquelle habitent les coolies et les femmes: « Les *cagnas* de Tuyen-Quan, ville du Tonkin », *Le Journal* du 17 juillet 1915. Un de mes correspondants m'écrit : « Les abris individuels se désignent aussi sous le nom de *gourbis* ou de *cagnas* qu'on baptise encore du nom de *Villa des Obus*, des *Marmites*, des *Courants d'air*, etc. » V. *guitoune*.

CAHOUA, café. « Du *cahoua* servi dans une tasse en porcelaine avec des dorures tout autour », Galopin, *Les Poilus*, p. 54. Mot algérien.

CALBOMBE, lampe, 113. Le mot désigne proprement la chandelle : c'est un croisement de *camoufle*, même sens, et de *bombe*, mot de caserne.

CALER LES JOUES (SE), manger de bon appétit, 80. Expression vulgaire tirée des marins; on dit aussi simplement *se les caler*.

Cambrousard, homme peu dégourdi, 112. Proprement paysan, rustre.

CAMBUSE, maison, 57, 113. Terme de marin généralisé.

CAMOUFLE, lampe, 113. Mot de l'argot parisien au sens de « bougie ».

CANARD, journal, 113, proprement fausse nouvelle et feuille qui l'annonce.

CANASSON, vieux cheval, 111. Mot de caserne.

CANFOUINE, logement, surtout en mauvaise part, 57, 111. Mot provincial, au sens de bicoque, taudis.

Canon (de 75), v. *Français (petit)*.

Cantache, cantine (avec changement de la finale) : « Y fera soif, ce soir, à la *cantache*, ça va barder », *Le Journal* du 20 juin 1915.

Carcan, vieux cheval, 111.

Carne, rosse, 35. Proprement charogne.

Carreau, œil, 99.

Casse-patte, eau-de-vie, 46, 111.

Ceinture (se mettre la), jeûner : « J'ai beau avoir faim, j'aimerais mieux *m'mettre la ceinture* plutôt que de m'envoyer de la bidoche qui ne serait pas catholique », Galopin, *Les Poilus*, p. 35. On dit, avec le même sens, *se l'accrocher* ou *serrer sa ceinture, se serrer d'un cran ;* le contraire, c'est *s'en donner plein la ceinture.* Ces expressions sont ironiques ou facétieuses.

Cerf, cheval, 34, et cavalier agile : « Un cavalier qui monte bien à cheval, c'est un *cerf* », *Le Temps* du 24 mai 1915.

Chambouler, bouleverser, culbuter, 58, 117. Provincialisme : en Lorraine, *chambouler* signifie chanceler comme un homme ivre.

Chandail, tricot, 26-28, 70, 78, 86.

Chasse, œil, 116.

Chérer, faire la noce, c'est-à-dire bonne chère, 117. Dans le Berry, *chérer*, c'est faire accueil, bonne réception.

Cherrer, aux sens multiples : « Exagérer, grossir les choses ; peut encore être pris dans un autre sens,

par exemple ne pas se gêner, avoir trop de laisser-
aller. Ce mot a été rendu célèbre par les Poilus de
l'Argonne, frères de nos Poilus de Woëvre, alors
que devant la trop fameuse fontaine de X..., où, par
suite d'un accord tacite, Poilus et Boches voulant
outrepasser le temps qui leur était tacitement ac-
cordé, un de nos Troglodytes s'est avancé vers eux
en criant en pur langage poilu : « Dites donc les Boches, je crois que vous *cherrez* un peu !... » *Cherrer*
évoque aussi l'idée de se moquer de quelque chose ;
on dit alors que l'*on cherre dans le boudin* », *Le
Dictionnaire du Poilu*, dans *Le Poilu*, n° 4, 6 février 1915. Dans ces diverses acceptions, *cherrer*
paraît être le doublet provincial du parisien *charrier quelqu'un*, s'en moquer (en wallon, on dit
cherri pour *charrier*).

Cheval, v. *bestiau, bique, bourdon, bourrin, canasson, carcan, carne, cerf, ours, têtard, tréteau, vache,
veau, zèbre.*

Cheval, mandat, 40, 113. Métonymie.

Chien de quartier, adjudant, 108. Ironie.

Chocolat (être), être attrapé, 92. Proprement dupe :
chocolat est le compère du *bonneteur.*

Cibiche, sibiche, cigare, 74, 111, 116, 127. Ce mot du
vulgaire parisien (écrit aussi *cibige*), représente un
croisement de *cigare* et de l'angevin *bige, bigeois,*
simple, ordinaire.

Cicasse, chicorée (avec changement de la finale) :
« Ah ! ce sacré cahoua... en campagne, il nous sem-

ble délicieux, surtout quand on peut mettre dedans un peu de *cicasse*... oh ! un rien... de quoi seulement en avoir le goût », Galopin, *Les Poilus*, p. 21. Le mot se prend aussi au sens d'eau-de-vie, synonyme de *gniole*.

Cigare, figure (allongée), 99.

Cigue, louis-d'or, 114.

Citron, tête, 98.

Civlot, civil, 118, 120, tout ce qui n'est pas Poilu.

Clarinettes (becqueter des), jeûner, 107, proprement manger des fusils.

Cleb, chien, 107. Mot algérien.

Clique, bruit étourdissant, 124, proprement ensemble de clairons et de tambours.

Coinsteau, coin, abri, 42. Croisement de *coin* et d'*hosteau*, hospice.

Coltiner (se), transporter, 116, proprement faire un travail pénible comme celui des forts de la halle.

* **Convalo**, convalescent.

Cossard, paresseux, 113. Provincialisme vendéen : dans la Vienne, *cossard* désigne le busard, oiseau paresseux par excellence.

Cosse, paresse, 68. Nom dialectal de la buse (dans la Vienne), type de l'indolence.

Costau, gaillard, solide : « Lefebure est un Normand *costau* et Abeilhou, le chauffeur, un petit gas de Perpignan, a des biceps en acier trempé », Galopin, *Les Poilus*, p. 54. Terme d'apache généralisé : *costau*, forme vulgaire pour *costal*, signifie proprement qui a des côtes, d'où la notion de grand, fort.

Coucou, obus, 50, dont le sifflement rappelle le cri de l'oiseau. V. *moineau*.

Court-tout-seul, fromage, 112. Le fromage gâté est plaisamment dit, à Paris, *ambulant* et *qui marche tout seul*.

Crapouillot, petit mortier, 24-26, 58, 99, 100, 103, 117, 120. Représentant moderne de l'ancien *crapaudeau*. Le nom actuel ne fait pas autant allusion à la forme aplatie du mortier qu'à sa petitesse relative : de là l'appellation de « gamin », sens provincial de *crapouillot*, synonyme de *crapoussin*. V. *(petit) Français*.

Crapouillotter. « Se dit lorsqu'il pleut de continuelles rafales d'obus de petit calibre. L'expression *il crapouillotte* implique l'idée d'une petite pluie, fine et serrée, qui ne traverse pas. C'est l'expression consacrée par nos Poilus lorsque les 77 boches font rage autour d'eux... », *Le Dictionnaire du Poilu*, dans *Le Poilu*, n° 4, du 6 février 1915.

Crapouillotteur, artilleur chargé à manier le crapouillot, 98.

Crèche, logement et abri dans les tranchées, 50, 109, 113. Ironie.

Cric, eau-de-vie, 111.

Croix de bois (gagner la), mourir à l'ennemi, 54.

Croquenaud, croquenot, chaussure, 111, 124, 125, proprement soulier neuf (qui craque en marchant).

CROUTE, cuisine, 111, c'est-à-dire repas léger (cf. *casser la croûte*).

Cuistance, cuisine, 37, 111.

Cuistancier, cuisinier, 37, 111.

Cuistau, **cuistot**, cuisinier, 38, 111, 116, 126. Croisement de *cuisine* et de *restau(rateur)*.

CULBUTANT, pantalon, 114. Mot de jargon : jeu de mots sur *culotte*.

CUL-TERREUX, rustre, 112.

CURE-DENTS, baïonnette, 46, 107, 110. Ironie.

DÉBINER (SE), 1° s'en aller, 68 ; 2° mourir, 108.

DÉBOURRER (SE), aller à la selle, 107.

DÉCARRER, sortir, déguerpir, 58, 99.

DÉHOTTER (SE), se mettre en marche, partir, 115. Mot provincial du Nord dont le sens propre est se débourber, en parlant d'un charriot qui ne peut avancer.

DÉMERDARD, homme peu scrupuleux, 113, c'est à-dire débrouillard.

DÉMERDER (SE), se débrouiller, 109.

DÉMURGER, s'en aller, 116. Mot de jargon.

DINGO, fou, 112, proprement fêlé, sens de *dingot* en patois lorrain : « Non, mais t'es pas un peu *dingo...* Tu vois bien que c'est pour rire », Galopin, *Les Poilus*, p. 46.

Distribe, distribution des lettres et des paquets pour les Poilus, 116, 126.

Doublard, sergent-major, 38, 108.

Eau-de-vie, v. *casse-pattes*, *crio*, *gniole*, *eau pour les yeux*, *roule-par-terre*.

Eau pour les yeux, eau-de-vie, 45, 111, 116.

Ecraser (en), dormir, 116, 124, c'est-à-dire écraser les puces de son lit en se couchant. V. *pucier*.

Electrique, vin (capiteux), 40, 115.

EMBUSQUÉ, qui évite d'aller au feu, 108. Terme de caserne désignant le soldat qui, ayant un emploi, est dispensé de l'exercice et des corvées. Le *Dictionnaire du Poilu* (dans *Le Poilu* du 28 juillet 1915) fait remarquer : « *L'embusqué* faisait autrefois partie de la famille des Poilus, mais des Poilus dégénérés, n'ayant rien des Troglodytes actuels. »

EMBUSQUER (s'), se cacher, 108.

ENCALDOSSER, avoir des rapports avec un pédéraste, 124. Terme de bagne : c'est le croisement de deux verbes synonymes *entaler* et *endosser*.

Etrangleur, homme peu scrupuleux, 113.

FABRIQUER, faire, 86, 93. Terme technique généralisé.

FAFIOT, billet de banque, 110.

Faire (s'en), c'est-à-dire se faire de la bile ou du mauvais sang, 37, 75, 77, 104, 116. *T'en fais pas!* est l'expression usuelle de la résignation optimiste de nos Poilus.

FALZAR, pantalon, 114.

FENDARD, pantalon, 114.

Fête, v. *bombe*, *bordée*, *nouba*, *ribouldingue*.

FEUILLÉE, water-closet, 107, 115 ; proprement latrine d'une troupe bivouaquée. Mot de caserne.

FIFLOT, fantassin, 19 : « Alors faut voir comme les *fiflots* se payent la tête du caporal », Galopin, *Les Poilus*, p. 83. Diminutif de *fiferlin* qui désigne à la fois une chose insignifiante et le troupier ordinaire.

FIGURE, v. *binette, cigare, citron.*

FIL DE FER, homme maigre, 112.

Filon, veine, chance, 40, 50, 98. Allusion au filon d'or ou d'argent.

FLAMBANTE, allumette, 110.

FLEMMARD, paresseux, 113.

FLIC, gendarme, 57.

FLINGUE, FLINGOT, fusil, 112, 126. Terme de marin et de caserne, d'origine méridionale : le provençal *flingo* désigne une houssine ou une baguette.

FLOTTE, eau et pluie, 70, 90, 94, 108, 111, 125 ; proprement flot. Archaïsme.

Fourchette, baïonnette, 46, 110. Ironie.

* **Français (petit)**, autre nom donné au canon de 75, appelé *le petit Gustave* par les soldats de tranchées allemandes. Personnification analogue à *crapouillot* et accusant la même image : « Le *petit Français*, pour le colonial, c'est le canon de 75... », *Lettres héroïques*, p. 44.

FRANGIN, frère, 67, 73, 97, 104.

Friedrick, Fritz, Allemand, 99, 100, 103, 124, d'après les noms qu'ils portent fréquemment.

FRINGUE, habit, 94, 96, 115, synonyme de *frusque*, d'où

se fringuer, s'habiller, 116. Le verbe *fringuer* désignait, dans l'ancienne langue, faire le coquet, l'élégant (cf. *fringant*) ; le sens du dérivé moderne est plutôt ironique.

Frisquet, froid, 85.

Fritz, 124, v. *Friedrich*.

Froc, pantalon, 114. Ironie.

Fromage blanc, cervelle, 92. Expression qui rappelle le *cerveau caséiforme* de Rabelais.

Fromdi, fromage, 112. C'est le mot *fromage* pourvu d'un suffixe algérien (cf. *caoudji*, café).

Frusques, nippes, 115.

Fumelle, femelle, femme, 117. Forme vulgaire, archaïque et provinciale.

Fumeron, jambe (surtout maigre), 116.

Fusain, jambe, 113, semblable au charbon de fusain.

Fusil, v. *arbalète, flingot, flingue, lance-pierres, nougat, seringue.*

Galetouse, gamelle, 106. Terme de marin.

Gambette, jambe, 113.

Gare (à la) ! zut ! 109. Ironie. La phrase complète est : « A la gare, au bout du quai, les ballots ! »

Gauche (jusqu'a la), jusqu'à la mort, 74. Expression de caserne : dans le service, le soldat porte le fusil à sa droite ; aux enterrements, il passait jadis l'arme sous son bras gauche.

Gazer, fumer, 126. Et ailleurs (aussi avec le sens d'aller en auto) : « Prenez une bagnole qui *gaze*, me dit le

commandant... et en route !... Une demi-heure plus
tard nous *gazions* de nouveau sur la route », *Le
Journal* du 20 juin 1915.

Gedéon, dit **Gueule d'empeigne**, type grotesque
d'une revue de théâtre, devenu populaire, 43-44, 112.
Le *Petit Parisien* du 22 juillet 1915, à propos d'un
camp de prisonniers en Allemagne, donne entre autres
ce détail sur le créateur du type : « Il y avait là un
très joyeux humoriste Joë Bridge, le créateur du
fantastique *Gedéon*, dit *Gueule d'empeigne*, ce drôle,
si furieusement édenté, qui fit, durant de longues
semaines, la joie de tout Paris. »

Genoux creux, homme paresseux, 113.

Gerce, femme, 111 : *gercer*, c'est perdre la fraîcheur
de son teint.

Gniole, gniaule, gnole, niaule, eau-de-vie, 35-36,
99, 111, 116, 125. Si la forme initiale est *gniole*, on
pourrait y voir le même mot que *gniole* (abrégé de
torniole), coup qui donne le vertige : l'eau-de-vie
serait, dans ce cas, envisagée comme la boisson
assommante.

Godasse, soulier large, 96, 111, 124, semblable à un *go-
det*: on dit, avec le même sens ironique, *flacon* et
gobelet.

Godillot, soulier de soldat, 124, 126.

Goguenot, water-closet, 115, proprement baquet servant de latrines. Mot de caserne qui désigne également le récipient en fer-blanc dont se servent les
troupiers d'Afrique pour faire la soupe ou le café.

Provincialisme : Haut-Maine, *coquenot*, coquille de noix.

Gonzesse, femme, 111. Mot d'apache passé aux troupiers.

Gourbi, abri particulièrement fait en planches (dans les tranchées), petite baraque adossée au talus, 47, 57. Terme algérien.

Gratte-ciel, homme de grande taille, 112. Ironie.

Grelots (avoir les), trembler de tous ses membres, 108. Jeu de mots sur *grelotter*.

Griller, fumer un cigare, 116.

Grimpant, pantalon, 114.

Griveton, soldat, 59, 115. Mot de jargon adopté par les troupiers.

Grognasse, prostituée, 112.

Grolle, soulier, 116, 124, 125. Provincialisme.

Gros noir, obus, 36, 58, 117. Personnification.

Gros vert, explosif couleur de la fumée, 36.

Grosse, prison, 117. Mot de caserne.

Gueule d'empeigne, v. *Gedéon*.

Guitoune, abri dans les tranchées, 57, 100, 119, 124. Terme algérien. Le *Journal* du 17 juillet 1915 a publié un article de Pierre Mac Orlan sous le titre « Dans les *guitounes* de Carency » ; on y lit ce passage sur les tranchées allemandes de l'endroit : « L'ouvrage ennemi, construit en sacs de terre, avec ses ruelles tortueuses, s'élevait comme une ville de cauchemar. Une impression puissante d'exotisme nous prenait à la mémoire et ceux, qui, comme beaucoup d'en-

tre nous, avaient porté au képi l'ancre de la colo-
niale ou la grenade de la légion, se rappelaient les
vicoles sordides du quartier nègre du Bel-Abbès ou
les cagnas de Tuyen-Quan, la demeure de l'épicier
chinois et sa fumerie. »

Havresac, v. *armoire à glace, as, azor.*

Hosteau, hôpital : « Une arrivée à l'*hosteau*... Car on
dit l'*hosteau*. On ne dit pas l'hôpital. L'hôpital, c'est
pour le dictionnaire de l'Académie, vocable lugu-
bre, qui commence en soupir et finit par une plainte ;
tandis que l'*hosteau*, ça rime avec château, et il y a
là toute la blague d'un peuple souffrant mais pudi-
que, délicat jusque dans ses misères, et qui meurt
avec un bon mot, pour que les gens ne sachent plus
s'ils doivent pleurer... ou rire », René X., *Parisiens
à la guerre*, 13 mars 1915. Mot provincial qui désigne à la fois le logis, l'hospice et l'hôpital.

Jaffe, soupe (v. *bras-cassé*). Mot de jargon.

* **Joséphine**, baïonnette, 32 ; « Pour le colonial, c'est
la baïonnette qui mérite le joli nom de *Joséphine* »,
Lettres héroïques, p. 44. V. *Rosalie.*

Jus, café, 111, 116, 125 ; **aller au jus**, assaillir la tranchée ennemie et s'exposer aux balles de ses mitrailleuses, 50.

Juteux, adjudant, 108. Proprement plein de jus ou
de chic, élégant. Ironie.

Kabo, v. *cabot*, 126.

Kasba, logement, 57, 113. Mot algérien.

Kébour, képi, 113. Déformation.

Kénep, ivre, 36.

Képlard, képroo, képi, 113, 116. Mots déformés.

Lame d'acier, homme maigre, 112.

Lampe, estomac, 39, 116, 126.

Lance-pierres, 49, 112, 120. V. *arbalète*.

Latte, chaussure, 111, 123, 124, d'après sa forme plate.

Limace, chemise, 111. Mot de jargon.

Lingue, couteau, 60, 111. Mot de jargon.

Linvé, franc, 114. Déformation (suivant les procédés du *largongi*) du mot *vingt* (sous).

Liquette, chemise, 111. Provincialisme : proprement morceau d'étoffe (sens du mot en champenois).

Loin-du-ciel, homme de petite taille, 112.

Louchébème, boucher, 110. V. *linvé*.

Louftingue, fou, 112. Croisement des synonymes *louf* et *tingue* (v. *dingo*) : « Ma parole, je crois que nous sommes tout à fait *louftingues* », Galopin, *Les Poilus*, p. 9.

Louper, faire un *loup*, rater, 20, 79.

Lourde, porte, 60, 114. Mot de jargon.

Lousse, sou, 114. V. *linvé*.

*Macavoué, obus : « Trois fois nous y avons été en quatre jours, une fois le temps d'y passer la nuit ; mais le lendemain matin, oh ! sainte Brigitte ! des

gros *macavoués* (comme dit le capitaine) nous tom-
bèrent sur le dos », *Lettres héroïques*, p. 28. C'est
proprement le diminutif du nom patois du matou
(*macaou*), image analogue au synonyme *gros noir*.

Machine à découdre, mitrailleuse, 49, 114. Les soldats des tranchées allemandes l'appellent aussi *orgue
de Barbarie* ou *seringue à haricots*.

MAGNER (SE), remuer, se dégourdir, 116 : « *Magnons-
nous*, c'est pas le moment d'admirer le paysage »,
Galopin, *Les Poilus*, p. 36.

Maison, v. *cambuse, canfouine, crèche, kasbah, piaule,
tôle*.

Mandat (postal), v. *cheval, ours, pigeon*.

Maous, gros, lourd, 36, 116, 127. On dit surtout *maous
pépère* ou *maous poilu*, suivant qu'il s'agit du ter-
ritorial ou du troupier. Provincialisme : on pourrait en rapprocher le picard *mahousse*, grosse femme
et truie.

MAR, assez, 102 ; écrit aussi MARE : « Si ça vous plaît,
à vous autres de bouffer des kilomètres, moi, je
vous cacherai pas que j'en ai *mare* », Galopin, *Les
Poilus*, p. 34. Abréviation de *maré*, blasé, celui-ci
abstrait de *marée*, dégoût, répulsion, par allusion à
l'odeur du poisson peu frais.

Marcher, v. *bagoter, baguenauder*.

Marie-Louise, surnom donné aux bleus de la classe 15,
50, 51. Souvenir historique. Voir l'*Intermédiaire* de
janvier 1915.

Marmite, gros obus allemand, 17-18, 30, 58, 68, 90,

Perco, renseignement vague ou fictif, mais toujours optimiste et rassurant, 51, 117, 124 : « *Perco*, c'est un diminutif de percolateur... l'appareil de ménage qui sert à confectionner le café matin et soir. Or deux fois par jour les cuivres plus ou moins reluisants du percolateur ont le privilège de grouper autour d'eux quelques hommes de toutes les escouades. Vous devinez alors facilement les propos qu'ils échangent. Le percolateur, en somme, c'est la boîte à potins du régiment ; le cagibi du percolateur c'est, sur le front, le dernier salon où l'on cause », *Le Temps* du 4 septembre 1915. — « Il y a une grande différence entre le *potin* et le *perco*. Le potin de la tranchée ne diffère pas beaucoup, dans son essence, du potin de l'arrière, du village ou de la grande ville... Mais le *perco* est à la fois sans consistance et grave ; il n'a pas des pieds, mais il a des ailes. D'où vient-il ? D'une parole tombée de haut et mal entendue et, surtout, mal interprétée... Il peut être inventé de toutes pièces par un malin... », Maurice Donnay, dans la *Liberté* du 19 septembre 1915.

PÈRE PEINARD (EN), en douce, tranquillement, 36.

PERLOT, tabac, 115, 116, 126. Mot de caserne.

* **Perme**, permission, congé : être en *perme*.

Perroquet, tireur habile, 54. Nom facétieux.

PÉTASSE, prostituée, 112.

PETZOUILLE, homme peu dégourdi, 112, c'est-à-dire rustre. On écrit aussi *pedzouille* : « N'ayons pas l'air de fuir... Marchons, au contraire, comme trois bons *pedzouilles* qui rentrent chez eux vannés, leur journée finie », Galopin, *Les Poilus*, p. 39. Le mot désigne proprement le derrière : c'est un croisement des synonymes *pétard* et *vezouille*.

Pèze, argent, 110, c'est-à-dire métal qui pèse.

Piaule, maison, 113. Mot de jargon : « On est dans la *piaule*, on y reste », Galopin, *Les Poilus*, p. 7.

Picolo, petit vin, 101. Mot importé par les taverniers italiens.

Pied, imbécile, 49, c'est-à-dire bête comme un pied.

Pied, sous-officier, 42, 108. Abrégé du suivant.

Pied de banc, sergent d'une compagnie, 43, 116.

Pigeon, mandat, 40, 113.

Piger, attraper, 117.

Pigouil, gas de la Dordogne : « *Le Poilu Saint-Emilionnais*, organe des *Pigouils* soldats », est le nom d'un canard du front de 1915. En Limousin, *pigolhou* désigne le petit garçon.

Pinard, vin ordinaire, de qualité inférieure à l'*aramon*, 38, 115, 116, 125. C'est *pineau*, avec changement de finale.

Pinceau, jambe, 108, 113. Ironie.

Pincer (en), en avoir le désir, en souhaiter ardemment, 117.

Pipe, cigare de cent-vingt, 107.

Pipe (prendre la), être rossé, 93 : cf. *passer à tabac*, rouer de coups.

Piqué, fou, 112.

Pister, aux sens multiples : « Le langage militaire est

à la fois très varié et très pauvre... Un mot énergique, pris hors de son sens primitif, sert quelquefois à désigner un très grand nombre d'autres verbes... Ainsi *pister* signifie à la fois disparaître, se perdre, être volé (« Brigadier, ma brosse *piste* ») ou démoli. *Pister* a un synonyme qui est *chasser* », *Le Temps* du 24 mai 1915. Ce verbe signifie proprement guetter, suivre la piste.

Piston, capitaine, 38, 108. Abrégé de *capiston*.

Planquer (se), se mettre dans un trou ou contre le parapet de la tranchée pour s'abriter des éclats d'obus (correspondance d'Argonne). Proprement se cacher, sens du verbe dans le vulgaire parisien.

Plombe, heure, 112, 115, 117.

Plumard, lit, 101, 113.

Plume, lit, 51, 117.

Poignon, argent, 110.

Poilu, soldat des tranchées et particulièrement vaillant qui a reçu le baptême du feu, qui a pris part à une rencontre, 13-15, 52, 59, 115, 116, 118-121, 123-127. Les Romains attribuaient aux poils la même vertu : *Vir pilosus aut fortis aut libidinosus*, disaient-ils. C'est d'ailleurs une constatation d'ordre physiologique : « Les poils sont, avant tout, le signe de la force virile. On n'est homme qu'à partir de la puberté. De là à admettre que les poils font la force il n'y a qu'un pas... L'idée de force suggère celle d'audace... », Ed. Brissaud, *Histoire des expressions populaires relatives à l'anatomie, à la physiologie et* *à la médecine*, Paris, 1888, p. 80. Le mot n'a absolument rien de commun avec l'état hirsute ou malpropre de nos soldats des tranchées. Son sens primordial est celui de mâle, d'où l'acception de « courageux », attestée près d'un siècle avant la Guerre actuelle qui a annobli et couvert de gloire le *Poilu*. La signification foncière de ce nom relève du système pileux en général et non pas de la barbe. Un humoristique illustré, *Nos Poilus* (septembre 1915), représente deux *Soldats à tous poils*, un gars imberbe et un troupier barbu qui s'interpellent : « Toi, le gosse !... un *Poilu* ? — J'ai pas de poil au menton, mais j'en ai sur la poitrine ! » On est *Poilu* avec ou sans barbe, hirsute ou épilé... Avant la Guerre, le *Poilu* était l'homme à poils, à tous poils ou à tous crins, l'homme ardent, énergique, résolu ; il est maintenant le brave par excellence, le hardi combattant des tranchées, le héros d'une épopée nouvelle.

Poilu, comme adjectif, qui tient des Poilus et surtout de leur langage, etc., 120, 121, 122, 124.

Poivrot, ivrogne, 113.

Polochon, traversin, 115. Mot de caserne.

Pommes (LEURS), ils, 127. Expression facétieuse.

Pompe, chaussure, 101, 124, 125. Appellation facétieuse (qui pompe l'eau).

Pote, **poteau**, camarade, 35, 39. « On est la fine 0° ! Eh ! vive Pantruche ! Ah ! les *poteaux* !... Toi, t'es un *pote*, et un brave *pote*, alors, ça va... », René X.,

Parisiens à la guerre, 3 mars 1915. Mot d'apache généralisé.

Veau, cheval qui ne marche pas, 35.

Vernoche, chic, 117. Proprement verni.

Vin, v. *aramon*, *brutal*, *électrique*, *pinard*.

Voiles (mettre les), se sauver, 54, 115. On dit avec
le même sens *mettre les cannes ou les triques*.

Zèbre, cheval, 34.

Zigomar, sabre des cavaliers, 44-45. Le nom propre
zigomar représente une déformation finale (cf. *office-
mar*), de *zigue*, au sens de chouette, gigolo, épithète
donnée à un héros romanesque.

Zigouiller, tuer; 15-16, 40, 115. Proprement couper
avec une scie, scier avec peine et mal. Provincialisme poitevin : cf. dans la Saintonge, *zigue-zigue*,
mauvais couteau.

TABLE DES MATIÈRES

FONTEMOING et Cie, Éditeurs, 4, rue Le Goff — PARIS

Arthur CHUQUET, *Membre de l'Institut*

ÉTUDES D'HISTOIRE

7 vol. in-8° écu. . . . . **3 fr. 50**

Première série. — Bayard à Mézières. — La sœur de Gœthe. — L'affaire Abbatucci. — Le révolutionnaire Georges Forster.

Deuxième série. — Le commandant Poincaré. — Adam Lux. — Klopstock et la Révolution française. — Bertèche dit la Bretèche.

Troisième série. — Le parrain de Napoléon. — L'adjudant Belle-garde. — Marbot et Macquard. — Les amours de Marceau. — Wen-ceslas Jacquemont. — Le suicide de Berthier. — Belly de Bussy. — Les Le Lieur de Ville-sur-Arce. — Le major Kretschman.

Quatrième série. — Roture et noblesse dans l'armée royale. — Buzot et Madame Roland. — L'armée de Sambre-et-Meuse en 1796. — Comment Bonaparte quitta l'Égypte. — Comment Kléber remplaça Bonaparte. — Un allemand à Paris en 1801. — Constant de Brancas, le fils de Sophie Arnould. — La nourrice de l'Empereur. — La folie de Junot. — Mots et locutions de la grande armée en 1812. — L'émi-gré Anstett pendant la campagne de Russie. — Charles-Auguste de Weimar en 1814. — Le général Rostollant en 1815. — Mérimée et la Correspondance de Napoléon. — Le prince rouge.

Cinquième série. — Bonaparte sous les drapeaux russes. — Nar-bonne à Vilna. — L'affaire Malet. — Coco Lefébvre. — Le payeur Duverger. — Le cuirassier Oriot. — Le lieutenant Jacquemont. — Le capitaine Rigau. — Le chef de bataillon Pion. — Le major Bou-lart. — Le colonel Fazensac. — Guillaume Peyrusse. — Les juifs polo-nais. — La garde. — Davout en 1812. — Eblé à la Bérésina. — Le héros de la Retraite. — Paroles et propos de Napoléon pendant la campagne de Russie.

Sixième série. — La maréchale de Rochefort. — Les écrivains alle-mands et la Révolution française. — La négociation de La Sonde. — Bonaparte à Paris en août 1793. — L'adjoint Bernazais. — Paris au printemps de 1796. — Le porte-drapeau Orson. — La bataille de Hohenlinden. — Les conversations de Tchornychev. — La capture de Wintzingerode. — La maladie de Napoléon à la Moskova. — Murat en 1812. — Candidatures académiques sous le premier Empire. — Un officier bavarois en 1870-1871. — Les souvenirs de guerre d'un fusilier prussien.

Septième série. — Monsieur de Pompadour. — La galerie des aris-tocrates militaires. — Le Fiesque de Schiller. — Stolberg et la Révolution. — Bonaparte à Avignon en 1793. — Jacques Bidolt. — Noyon de Soisy. — André de La Bruyère. — Paul-Louis Courier, Maire et Kirgener. — Stendhaliana. — L'Europe en 1819. — Joseph Maucomble. — Les trois Lion. — L'École d'Hildesheim en 1870. — Lallemand d'Éteignières. — Léon Lefébure. — Gabriel Monod. — Discours sur La Fontaine. — Lettres de 1813.

MAYENNE, IMPRIMERIE CHARLES COLIN

ORIGINAL EN COULEUR
Nº Z 43-120-8

www.ingramcontent.com/pod-product-compliance
Lightning Source LLC
Chambersburg PA
CBHW072245270326
41930CB00010B/2274